Jasmin Yildiz

Wenn kein Weg zu weit ist

Die atemberaubende Geschichte des Kämmerers von Äthiopien spannend und in erzählerischer Freiheit aufgearbeitet, wobei die biblischen Grundlinien eingehalten wurden

Mit einem Vor- und Nachwort von Werner Gitt

Lichtzeichen Verlag

Homepage von Werner Gitt: www.wernergitt.de

Dort sind zu finden:

- Liste der aktuellen Vortragstermine
- Aufsätze und Bücher in verschiedenen Sprachen zum Herunterladen
- Zehn Traktate im Lese- und Druckmodus (z.B. „Wie komme ich in den Himmel?", „Wer ist der Schöpfer?", „Wunder der Bibel", „Was Darwin noch nicht wissen konnte", „... und Er existiert doch", „Krippe, Kreuz und Krone", „Reise ohne Rückkehr", „Unsere Erde – ein außergewöhnlicher Planet", Widerlegung der Evolution durch Naturgesetze") zum Herunterladen in etwa 70 Sprachen.

Homepage von der Illustratorin Doris Daubertshäuser:
www.doris-made-to-create.de

Jasmin Yildiz

Wenn kein Weg zu weit ist

Die atemberaubende Geschichte vom äthiopischen Finanzminister (Apg. 8)

Vor- und Nachwort von Werner Gitt

1. Auflage 2012
2. Auflage 2015

Redaktion: Werner Gitt
Illustration: Doris Daubertshäuser
ISBN: 978-3-86954-079-5
Bestell-Nr. 548079

Inhalt

Vorwort

An zahlreichen Stellen der Bibel finden wir Gespräche wiedergegeben, die Jesus oder die Apostel mit Menschen führten. Jesus hatte immer Zeit für die Menschen, die zu ihm kamen. Nie brach er aus Zeitmangel ein Gespräch ab. Nur das Wesentliche oder das Ergebnis dieser Gespräche ist im Neuen Testament übermittelt. So ist das ausgiebige Nachtgespräch zwischen Jesus und Nikodemus in nur elf Versen geschildert, und vom Bekehrungsgespräch des Matthäus ist nur ein einziger Vers überliefert (Matthäus 9,9). Wir können aber davon ausgehen, dass Jesus auf alle Fragen einging, die ein Suchender vorbrachte. In gleicher Weise taten es auch seine Apostel. Wäre alles aufgeschrieben, was Jesus sagte und tat, so würden die Bücher der Welt nicht ausreichen (Johannes 21,25). Da die biblischen Berichte und Gespräche knapp gehalten sind, ist viel Freiraum für die Predigt gegeben. Dieser Spielraum darf genutzt werden, um die Berichte im freien Erzählstil für heutige Situationen zu aktualisieren und auch um Details aus dem damaligen Umfeld zu ergänzen, die zum Verständnis des Evangeliums hilfreich sind. Alles aber muss so gestaltet sein, dass nichts im Widerspruch zum Gesamtzeugnis der Bibel steht.

Über die Geschichte des Finanzministers von Äthiopien habe ich nach dem Zusammenbruch des Kommunismus in den Ländern der ehemaligen Sowjetunion immer wieder gepredigt. Ich habe diesen Bibeltext besonders schätzen gelernt, weil er in besonderer Weise geeignet ist, Menschen das Evangelium nahezubringen, die es noch nie gehört haben. Die Zuhörer nahmen dabei die leicht nachvollziehbare Rolle des unwissenden, aber suchenden Ministers ein. In meinem Buch „Signale aus dem All"[1] habe ich auf den Seiten 131-141 in dem oben genannten Sinne das Gespräch zwischen Philippus und dem äthiopischen Finanzminister ausführlich ergänzt. Da dieser heidnische Äthiopier das Evangelium von Jesus bisher überhaupt nicht kannte, musste Philippus es ihm wie in einem Anfängerkurs des Glaubens ausführlich erklären. Die Hin- und Rückreise durch die Wüsten und all die Gespräche in Jerusalem sind uns in der Bibel nicht überliefert. So hatte ich die Idee, dass auch diese Teile in erzählerischer Freiheit gestaltet werden müssten. Diesen Teil wollte ich aber nicht selbst ausführen, sondern jemanden dafür gewinnen, dem Gott die Gabe des phantasievollen Schreibens gegeben hat.

Am 9. Mai 2011 erhielt ich von einer mir bis dahin unbekannten Person eine E-Mail, in der es hieß:

> *„Ich wurde unglücklicher Weise in einem muslimischen Land geboren, habe mich von Gott seit meiner Kindheit abgewandt, ja sogar von dem Allah der Moslems bin ich weggelaufen, ihm alles Mögliche vorgeworfen, was mir widerfahren ist, habe mich von der Evolutionstheorie trösten lassen und habe ohne schlechtes Gewissen ein verdammt langes Sündenregister zustande gebracht, das ich meinen Lebenslauf nenne. Siehe da, diese Frau, die geglaubt*

[1] „Signale aus dem All – Wozu gibt es Sterne?", Christliche Literatur-Verbreitung, Bielefeld, 5. Auflage 2007

hat, dem Allah entkommen zu sein, hat durch Sie den wahren Gott, den Gott der Bibel, gefunden. Ich danke Ihnen so sehr, dass Gott durch Sie mein Leben radikal verändert hat. Diesen Dank und die Dankbarkeit kann ich in keiner Sprache, die ich beherrsche, in Worte fassen! Ich wünschte, dass Gott durch Sie auch das Leben anderer Menschen radikal verändern möge, die ich so lieb habe. Bleiben Sie uns erhalten! Gott segne Sie!"

Als *Jasmin Yildiz* mir dann später auch noch einen von ihr verfassten, äußerst spannenden Roman zuschickte, war mir klar, jetzt ist die Mitarbeiterin gefunden, die die Geschichte spannend und mit Phantasie vervollständigen kann.

Auf diese Weise ist es zu dem vorliegenden Taschenbuch gekommen. *Jasmin Yildiz* hat in erzählerischer Freiheit die Vorgeschichte der Begegnung zwischen Minister und Philippus ausführlich ausgemalt, ebenso seinen Aufenthalt in Jerusalem, wie er sich abgespielt haben könnte. Auch die Rückreise nach Äthiopien mit einem Mann in der Karawane, der Christus kennt, dürfte spannend sein. Die vielen Gespräche mit den Bürgern Jerusalems sollen zeigen, dass der Minister dort keine Antwort auf seine Suche nach Gott fand. Das geschah dann erst im Gespräch mit Philippus in der Wüste.

Es sei hier darauf hingewiesen, dass die erwähnten Zitate aus dem Neuen Testament zu diesem Zeitpunkt noch nicht in geschriebener Form vorlagen; zum besseren Verständnis aber wurden sie mit eingeflochten, und die Belegstellen sind in den Fußnoten genannt. Die bemerkenswerte Geschichte des äthiopischen Ministers und sein Weg zu Gott können für viele Menschen unserer Tage eine Hilfe sein, um selbst zum Glauben zu finden. Wir fassen das Wichtigste hier noch einmal zusammen:

- Der Minister war einer, der wirklich nach Gott suchte. Wer Gott von Herzen sucht, der wird ihn auch finden.
- Den lebendigen Gott findet man nur in Jesus.
- Wer Jesus sucht, findet Ihn in seinem Wort, also in der Bibel oder in der Predigt, die der Bibel gemäß ist.
- Nur wer Jesus annimmt, ist gerettet. Er hat das ewige Leben (den Himmel) gefunden.
- Von Jesus kann man an einem Tag zum ersten Mal hören und ihn auch am selben Tag annehmen. Das ist überall möglich – sogar in der Wüste.

Im Nachwort soll Schritt für Schritt gezeigt werden, wie der Leser selbst zum Ziel kommen kann. Die nachfolgende Geschichte „Wenn kein Weg zu weit ist" kann eine gute Vorbereitung dazu sein. Danken möchte ich meinen beiden inzwischen sehr bewährten Mitarbeiterinnen. *Doris Daubertshäuser* hat in einfühlsamer Weise passend zur Geschichte eine Reihe von Grafiken gestaltet. *Bettina Hahne-Waldscheck* hat sich in die frei erzählte Geschichte über den Minister von Äthiopien engagiert hineingedacht und den Text mit der ihr eigenen Sorgfalt lektoriert.

Werner Gitt November 2012

Wenn kein Weg zu weit ist

Das angenehme Leben des Ministers

In einem Tal unter der südlichen Sonne Äthiopiens stand ein prächtiges Haus mit Säulen, bogenförmigen Fenstern und reichlich verzierten Fassaden und Türmen. Die geschnitzten Türflügel aus Edelholz, die mit Liebe und Geduld gestalteten Wände und die edlen Stoffe, welche die Räume dekorierten, verrieten, dass hier ein besonderer Mann lebte. Sorgfältig bewässerte Blumen und Bäume im Garten trotzten der Hitze und Trockenheit, als wetteiferten sie untereinander mit ihrer Schönheit, um ihrem Besitzer zu gefallen. Rosenbüsche zierten den Weg, der in das Haus führte, üppiges Grün exotischer Bäume lud die Vorbeigehenden ein, in ihrem Schatten auszuruhen. Dieses Tal glich dem Werk eines Malers, der mit seinen Pinselstrichen die Erde in ockergelb, die Hügel beige und violett, die runden Lehmhütten, ja sogar die Menschen auf den Gassen in Brauntöne getüncht hatte. Die Farben gingen fließend ineinander über. Nur das prächtige Haus auf dem kleinen Hügel stach mit solch andersartigen Farben hervor, als habe eine mächtige Hand das Haus aus einem anderen Bild herausgerissen und sanft über das Tal des Malers gesetzt.

Man sah jedoch meist nur zwei Menschen um das Haus. An manchen Tagen schlenderten ein junges Mädchen und ein Mann mittleren Alters im Garten zwischen den Blumen umher, die Vater und Tochter zu sein schienen. Wenn sie sich an der Schönheit der

Der Kämmerer auf seinem Besitz

Blumen satt gesehen hatten, setzten sie sich auf eine Bank unter einem Baum. Ein uniformierter Mann begleitete sie, mischte sich jedoch nicht in ihre Unterhaltung ein. Er servierte den Kaffee, den sie regelmäßig unter dem Baum tranken. Die Worte des Bediensteten waren meistens „Jawohl, Herr Minister! Nein, Herr Minister!"

Abseits von dem prächtigen Haus standen reihenweise runde Hütten mit kegelförmigen Strohdächern. Männer und Frauen mit sonnengegerbter Haut und langen Gewändern und barfüßige Kinder füllten die Gassen mit ihrem fröhlichen Geschrei. Auch die mit allerlei Gepäck schwer beladenen Maulesel und Pferde mischten sich unter die Menschenmenge. An manchen Tagen strömten die Menschen zu einem großen Platz, der im Zentrum der Stadt lag. Vielerlei Farben, Formen und Gerüche in den Läden der Handwerker und Händler füllten die Gassen und gaben diesem Ort das Herz und die Seele einer Stadt.

Die quälende Frage im Herzen

Dem Minister war es geglückt, seiner Königin als Schatzmeister dienen zu dürfen. Er hatte schon alles erreicht, was ein Mensch sich im Leben wünschte. Nun saß er Abend für Abend im Garten oder auf der Veranda seines Hauses, wo es ihm an nichts fehlte und dachte über den Sinn des Lebens nach. Sein prächtiges Haus mit den vielen Zimmern und den unzähligen Bediensteten machte dem Minister das Leben so angenehm, dass er den verständlichen Wunsch hatte, das Leben möge nie mehr aufhören. Durch seine Position am Hofe der Königin war es ihm möglich, feine Gewänder und kostbaren Schmuck mit leuchtenden Edelsteinen zu tragen. Auch was er aß und trank, war von erlesenem Geschmack. Wenn er darüber nachdachte, wie viel Glück ihm im Leben widerfahren war, füllte sich sein Herz mit Dankbarkeit. Er konnte aber nicht genau definieren, wem er dafür dankbar sein sollte. Gewiss hatten ihm seine Eltern den Weg bis zu seiner Position am Hofe der Königin geebnet. Aber er hatte auch seinen eigenen Beitrag durch Fleiß, Zuverlässigkeit und Ehrlichkeit geleistet, damit die Königin ihm den Ministerposten gab. Trotzdem glaubte er irgendwie, dass ein Gott an seinem Erfolg beteiligt sein müsste. Denn auf der Sonnenseite des Lebens zu sein, war keine Sache, die sich allein durch Fleiß und Ehrlichkeit herbeizaubern ließ.

Er empfand es gar zu schade, einmal sterben zu müssen. „Ist es nicht auch bedauerlich für die Sklaven und Armen in meinem Lande, die nur Elend und Leid kennen, wenn auf einmal ihr Leben zu Ende ist, ohne dass sie je das Schöne darin richtig gekostet haben? Welchen Sinn hat ein Leben mit der unausweichlichen Fehlkonstruktion: ‚Tod'? Wie kann es sein, dass manche sterben müssen, wenn sie noch im Kindesalter sind? Was ist das für ein Gott, der zuerst so etwas Geniales wie den Menschen konstruiert und ihn gleich danach in die Hände des Todes gibt?", dachte er so bei sich selbst.

„Es ist doch genauso unverständlich, wie wenn ich meiner lieben Adoptivtochter einen Palast mit einer Fehlkonstruktion bauen ließe, durch die das Dach nach drei Tagen einstürzen würde. Dann könnte ich meinem Töchterchen sagen: ‚Der Palast wird nicht von neuem aufgebaut! Du hast doch drei lange Tage darin wohnen können! Genügt dir das nicht?' Und sie würde antworten: ‚Aber warum so viel Aufwand für so ein Prachtgebäude, das nach drei Tagen einstürzt? Ich hätte auch ohne Vorfreude auf meinen Palast in deinem Hause leben können. Ich wäre genauso glücklich gewesen wie vorher, aber jetzt bin ich so betrübt, weil ich deine Gedanken nicht verstehe!'"

Solche und ähnliche Gedanken hielten den Minister gefangen, wenn er am Ende des Tages in seinem großen Haus saß und manchmal mit seiner Tochter im Garten umherwanderte. Warum dieser große Aufwand der weiten Welt mit vielerlei Blumen, Tieren, Sternen und vielerlei Schönheiten, woran die Menschen Gefallen finden, wenn das Menschenleben doch spätestens nach siebzig Jahren mit dem Tod unwiederbringlich ausgelöscht wird?

Es gab noch viele andere Fragen, die den Minister beschäftigten. Warum liebt der Mensch das Gute und hasst das Böse, aber schafft es dennoch nicht, sich vom Bösen zu befreien? Wie ein Schatten verfolgt das Böse die Menschheit, während sich doch die Seele eines jeden Menschen nach Güte und Liebe sehnt. Der Minister wollte unbedingt herausfinden, warum der Mensch so widersprüchlich und so unberechenbar war.

Die Frage aller Fragen

Dann gab es noch etwas, was den Minister seit seiner Kindheit beschäftigte. Was kommt nach dem Tod? Wird ein Mensch mit seinem ganzen Dasein mit dem Tod ausgelöscht, so als hätte er nie existiert? Gibt es irgendetwas nach dem Tod? Tag und Nacht begleiteten ihn diese Fragen.

Der große Aufwand, den die Ägypter für das jenseitige Leben betrieben hatten, war dem Minister wohl bekannt. Es war doch ein schöner Ansporn, was die Ägypter taten, um den Tod zu überwinden. Sie scheuten keine Mühe, sich auf das nächste Leben vorzubereiten. Die Kunst der Mumifizierung der Leichen hatten sie hoch entwickelt. Den Toten gaben sie Gold und Silberschätze mit und legten sie in ihre Gräber. Sie bauten sogar überdimensionale Pyramiden mit einer Grabkammer und geheimen Gängen, damit ja nicht die Räuber und Plünderer ihre ewige Ruhe bis zur Auferstehung stören konnten. Dort lagen dann die Leichen und warteten auf das nächste Leben, von dessen Existenz sie offensichtlich fest überzeugt waren. Nur für Verbrecher blieb es ungewiss, ob sie dieses jemals erreichen konnten. Ihre Körper wurden darum nicht durch Einbalsamierung für das Jenseits haltbar gemacht. Und welchen Wert hätte das ewige Leben für einen König, wenn sein Hofstaat in die Arme des ewigen Todes fallen müsste? Im Jenseits müsste er von vorne anfangen, so wie ein Schusterlehrling, der im Leben ohne Diener auskommen muss.

Ein Hoffnungsschimmer

Eines Tages ging der Minister in die Gasse der Geschäftsleute zu einem Händler, weil er gehört hatte, dass dieser erstaunliche Nachrichten über einen Gott aus einem fernen Land mit brachte. Im Laden des Händlers stapelten sich feine Stoffe auf den Regalen. Der Weihrauch und die Gewürze in den Säcken verbreiteten den Duft einer anderen Welt. Der Händler selbst kaufte die Stoffe und Gewürze in verschiedenen Ländern. Sehr oft schloss er sich mit seinem Kamel einer Karawane an und kam nach einigen Wochen mit einer Menge teurer Waren zurück. Der Händler kannte den Minister und hatte für ihn oft Stoffe aus Ägypten mitgebracht. Er wunderte sich, dass der Minister persönlich gekommen war und keinen seiner Diener schickte, um nach neuen Kostbarkeiten Ausschau zu halten. Schnell jedoch verriet ihm der Minister, dass er eigentlich hier sei, um die Neuigkeiten aus diesem fernen Land zu hören, über das die Kunde ging. Der Händler begann von einem neuen Gott und seiner frohen Botschaft zu erzählen. Dieser Gott sei in die Welt gekommen, um ewiges Leben zu schenken. Das war genau das, worauf der Minister in seinen stillen Stunden die Antwort suchte. Er war bereit, dem Händler alles abzukaufen, wenn er ihm nur genau verraten würde, wie, wo und von welchem Gott man das ewige Leben geschenkt bekommen konnte, denn die Welt, in der er selbst lebte, war voll von Göttern, die ihm bisher nicht weiterhelfen konnten.

Der Minister näherte sich dem Händler und fragte wissbegierig: „Aus welchem Land kommt diese Botschaft?“

„Aus Judäa!“, meinte der Händler.

„Kannst du das bezeugen, dass es kein Gerücht ist?“, fragte der Minister.

„Gewiss doch, alle Leute sprechen von seinen Wundertaten in dem Land! Er soll sogar Tote auferweckt haben!“

„Und glaubst du daran?“, fragte der Minister recht skeptisch.

„Jemand, der Tote auferwecken kann, der muss gewiss die Macht über den Tod haben! Er kann nicht so sein wie wir einfachen Menschen es sind; da bin ich mir ganz sicher, auch wenn ich ihn nicht gesehen habe!“, entgegnete der Händler.

Der Minister lief frohen Herzens nach Hause. Endlich schien er der Antwort auf die Fragen nach dem ewigen Leben näher zu kommen. Er hätte nun seine Gefolgsleute beauftragen können, in das ferne Land Judäa zu fahren, um zu erkunden, ob der Händler ihm die Wahrheit oder ein Märchen über diesen Gott erzählt hatte. Doch er wollte es lieber persönlich herausfinden; denn was wäre, wenn seine Gefolgsleute sich vertrödelten? Wenn eine rehäugige Schönheit im fremden Land sie in ihren Bann zöge und sie hinderte, die Wahrheit zu suchen, nach der ihn so dürstete? „Was, wenn ich tot wäre, bis sie zurückgekehrt sind? Dann hätte ich mein schönes Leben umsonst gelebt, ohne das Geheimnis des Todes und des ewigen Lebens gelöst zu haben."

Der Minister war seit seiner Jugend ein Suchender gewesen. Er kannte die Götter in Ägypten sehr gut. Sogar seine Königin verehrte sie. Aber die ägyptischen Götter hatten ihm keine Antwort darauf gegeben, warum der Tod alles unbarmherzig auslöschte, wenn man das Leben gerade lieb gewonnen hatte.

Er kannte die Schriften der pharaonischen Priester genauso wie auch die Götter der Babylonier, Perser und Meder. Einem Sternenhimmel glich die Schar der Götter auf dieser Erde, die auf den hohen Bergen thronten. Keiner dieser Götter hatte je den Nachweis erbracht, dass er wirklich existierte, geschweige denn, dass einer von ihnen überhaupt etwas vollbracht hätte. So nebenbei hatte der Händler ihm auch noch von einem Gott der ägyptischen Sklaven erzählt. Dieser sollte der einzige sein, der in dieser Welt etwas bewirkt hatte; er sollte auch die Sklaven aus Ägypten herausgeführt haben, um sie dann zu befreien und zu einem mächtigen Volk zu machen. Ob er irgendetwas mit dem Gott in Judäa zu tun hatte, hatte er nicht sicher in Erfahrung bringen können.

Eine strapaziöse Reise wird geplant

Nach dieser Unterhaltung im Laden des Händlers führte der Minister er ein langes Gespräch mit der Königin. Gleich am nächsten Tag ließ er seine Bediensteten die Vorbereitungen für eine weite Reise treffen. Dem Minister war es bekannt, dass ihm eine sehr beschwerliche und lang andauernde Reise durch Ägypten, entlang des Schilfmeeres und durch die Wüste bevorstand. Diese Reise würde mit der Karawane Wochen oder Monate dauern. Er würde also Tausende Kilometer umsonst zurücklegen, wenn er nicht fand, wonach er suchte. Er beauftragte seine hohen Diener, seine Amtsgeschäfte gewissenhaft auszuüben. Er war fest entschlossen, diesen mächtigen Gott in Judäa, der sogar die Toten auferwecken konnte, selbst zu finden. Sein Amt, seine Königin und seine geliebte Tochter konnten auf ihn warten, denn er hatte nun Wichtigeres vor.

An den darauf folgenden Tagen füllten seine Diener die Vorratskammern in seinem Haus mit Reiseproviant. Unverderbliche Lebensmittel wurden in Säcke gefüllt, Trinkwasser und Wein in Schläuche und Futter für die Tiere in Säcke. Man packte Decken und Kissen für die Nacht ein, Teller, Töpfe und Kannen für das Essen; alles war penibel gezählt und gepackt und stand nun reihenweise in den Kammern.

Am Tag der Abreise luden seine Kameltreiber, Diener und Laufburschen alles auf die Kamele. Der Karawanenführer setzte sich auf sein Kamel und ritt gemächlich voran. Die anderen Kamele folgten ihm. Der Wagen des Ministers hatte einen Sitz, der mit einer Plane überdeckt war, die Schutz vor der Sonne bot.

Nichts konnte den Minister mehr von dieser beschwerlichen Reise durch die Wüste abhalten.

Durch die Wüste

Während er Stunde um Stunde auf seinem Wagen saß, zogen die endlosen Gebirgslandschaften Äthiopiens an ihm vorüber. Besonders die Ostseiten der Berge waren mit sattem Grün bedeckt, während die westlichen Täler oft braun und trocken wirkten. Später umgaben ihn und seine Karawane die fruchtbaren Täler des Nils mit ihren grünen Feldern, auf denen Bauern arbeiteten. Nur ein knapper Lendenschurz kleidete sie bei ihrer schweißtreibenden Mühe. Und überall sah man auch Frauen in langen Gewändern, die auf dem Kopf schwere Tonkrüge trugen, in denen sie das kostbare Wasser nach Hause brachten.

Das ging tagelang so, bis sie schließlich das Tal der Könige erreichten. Dort in den berühmten „Gräbern der Könige“ und später in den noch bekannteren Pyramiden von Gizeh, waren die alten Pharaonen begraben.

Sie alle bezeugten, dass die Ägypter an ein Leben nach dem Tode glaubten. Diese monumentalen Grabkammern, die die Jahrtausende überstanden hatten, sind Wahrzeichen gläubiger Pharaonen, die seit ihrem Tod auf die Auferstehung warten. Dazu hatte man ihnen nicht nur viel Gold und prachtvolle Geräte mitgegeben, sondern auch alle erdenklichen Nahrungsmittel. Man nahm es also mit dem Leben nach dem Tode sehr ernst.

Auch die prächtigen Bauten und Paläste, die entlang der Karawanenstraße den Weg säumten, zeugten davon, wie sehr die Reichen das Leben diesseits geliebt haben mussten. Gefangen im Rhythmus der Kamele sammelte der Minister alle diese Eindrücke, wie ein Fischer, der die Fische in seinem Netz zusammenzieht. Er hatte ja endlos viel Zeit auf seinem Wagen. Immer wieder notierte er seine Eindrücke auf einem Stück Papyrus. Seine Blicke schweiften bis zum Horizont und registrierten jede Regung vor diesem Kunstwerk. Er war auf die Ereignisse in Judäa so sehr gespannt, dass er am liebsten dorthin geflogen wäre. Er hatte so viele Fragen und hoffte nun, endlich Antworten zu finden.

Die Reise nach Judäa ging in der Einöde nur langsam voran. Von Zeit zu Zeit kamen ihnen andere Karawanen und Reisende auf Pferdewagen entgegen und grüßten sie freundlich. Sie entfernten sich immer weiter von ihrem Heimatland, bis dessen Silhouette am Horizont zu einem Sandkorn zusammenschrumpfte, welches sich am Ende unter den Sand der Wüste mischte. Sie legten lange Erholungspausen ein, besonders, wenn sie an einer Oase rasten konnten. Dann suchten sich der Minister und seine Gefolgschaft ein hübsches Plätzchen unter den Palmen. An anderen Tagen mussten sie in der Einöde der Wüste rasten. Seine Laufburschen fütterten und tränkten dann die Tiere, sein Koch bereitete das Essen für die ganze Mannschaft zu.

Vor ihnen lag eine schier endlos erscheinende Weite. Eine Wüste, in der tagsüber die Sonne jeden Grashalm verbrannte und wo nachts klirrende Kälte jedes ungeschützte Lebewesen erstarren ließ. Aus der Ferne sah die Karawane des Ministers wie eine Perlenkette aus, die sich auf dem Wüstensand langsam vorwärts bewegte. Die leichte Brise, die sie tagsüber begleitete, verwandelte sich manchmal unerwartet in einen Sandsturm, der wie ein wild gewordenes Tier den Wüstensand um sich warf und die Sonne verdunkelte. Plötzlich verschwand dann die sengende Hitze und überließ

Die Karawane unterwegs in der Wüste

ihren Platz dem peitschenden Wind, der jede Ritze, jede Mulde im Körper und sogar jedes Loch in den Gewändern der Kameltreiber mit Sand füllte. Dann blieb der Karawane keine andere Wahl, als sich vor dem Wüstensturm zu ducken und wie versteinert in der Wüste zu stehen, bis der Sturm sich wieder beruhigte. Jedes Mal, wenn sie sich unter dem Sternenhimmel zum Schlafen legten, war der Minister froh, dass er dem geheimnisvollem Land Judäa ein Stück näher gekommen war. Mit der Zeit wurden die vielen Tage und Nächte in der Einöde der Wüste unerträglich, aber jeder tröstete sich mit dem Gedanken, dass sie sehr bald die Stadt Jerusalem erreichen würden.

Allmählich wandelte sich die Landschaft. Zuerst erschienen nur einzelne Dornensträucher, dann erblickten sie auch hin und wieder halb vertrocknete Grasbüschel, die immer zahlreicher wurden, bis sie das ganze Land überzogen. Am Horizont konnte man tatsächlich Bäume erblicken, hinter denen Berge zu erkennen waren. Am nächsten Tag schon begegneten sie den ersten Leuten, die auf ihren Feldern arbeiteten. Sie hatten das Land der Juden erreicht.

Die Stadt der Träume ist in Sicht

Endlich sahen sie die Silhouette Jerusalems. Da die Stadt auf einem Berg liegt, konnte der Minister sie schon viel früher erkennen, als wenn sie in der Ebene gelegen hätte. Er jubelte vor Freude, denn er hoffte nun, bald den so sehnlichst gesuchten Gott zu finden. Es war eine äußerst schöne Stadt, dieses Jerusalem –

mit einem Marktplatz voll sprudelnden Lebens. Die schmucken Häuser und Läden in den Gassen und Straßen lockten viele Fremde an. Endlich war der Minister in dem fremden Land angekommen, über das er so Erstaunliches gehört hatte. Nun durchschritt er eins der gewaltigen Tore Jerusalems. Die Karawane machte halt vor einer Karawanserei, die nahe bei der Stadtmauer lag. Die Kameltreiber und die Laufburschen führten die Tiere in die Ställe. Einige schulterten das Gepäck des Schatzmeisters und brachten es in seine Unterkunft. Dann war der große Augenblick gekommen, dass man die Stadt besichtigen konnte. Als Erstes hatte er seinen Leuten gesagt, dass er allein gehen und auf keinen Fall von ihnen wie üblich mit „Mein Herr“ angeredet werden wollte. Er hatte vor, anonym zu bleiben, um wirklich mit den Leuten in Kontakt zu kommen.

Staunenswert war schon die Lage des Ortes. Hohe Mauern standen hoch aufragend auf einem Felsvorsprung, und in der Ferne konnte man bereits die riesigen Umfassungsmauern des berühmten Tempels sehen, den ein an sich böser König erbaut haben sollte, der vor einem halben Jahrhundert dort regiert hatte.
Diese für damalige Verhältnisse riesig große Stadt versprühte mit ihren belebten Gassen und dem Marktplatz einen unerklärlichen Reiz. Manche Menschen schlenderten ziellos herum. Hier und da schienen einige von einer gewissen Hast getrieben zu sein. Andere hatten sich auf die Bänke und Stufen des Marktplatzes gesetzt und schauten dem Treiben auf den umliegenden Straßen zu. Auch der Minister blieb eine Weile stehen und

blickte umher. Dann entschied er, sich zu den Menschen zu gesellen, die auf den Bänken saßen. Dort sog er erst einmal die zauberhaften Eindrücke der fremden Stadt auf. Vor ihm lag eine andere Welt. Menschen mit fremdartigen Gesichtszügen und Trachten gingen an ihm vorbei. Häuser, Straßen, ja sogar die Bäume schienen mit einer seltsamen Sinfonie der Farben gekleidet. Der Duft dieser Stadt hatte eine unbekannte Note, die er aus seiner Heimat nicht kannte.

Der Minister befragt unzählige Menschen

Ein Mann, der bereits auf der Bank saß, bemerkte sein Kommen und grüßte den Minister mit einem Kopfnicken. Dieser erwiderte seinen Gruß mit einer Verbeugung und einem Nicken, wie es in seinem Lande üblich war. Sie saßen eine Weile, wechselten ein paar Worte über belanglose Dinge, bis der Minister mit seiner brennenden Frage herausrückte. Er hatte Glück: Der Mann auf der Bank schien ein umfangreiches Wissen über den Gott der Juden zu haben. Er erzählte, wie dieser sie einst aus der Sklaverei herausgeholt und aus Ägypten herausgeführt habe. Aber nach seiner langen Erzählung fügte er seine eigene Meinung hinzu: Die Geschichte sei eine schöne Volkslegende. Der Minister war verwundert und enttäuscht zugleich. Er blieb lange sitzen und überlegte, ob er zu leichtgläubig gewesen war, als er einfach der Kunde des Händlers in seiner Stadt geglaubt hatte, der nicht nur Stoffe, sondern als Beilage auch Klatsch und Tratsch verkaufte.

Doch er wollte weiter nach dem Gott der Juden suchen. Er nahm sich vor, jeden auf der Straße zu fragen. Die Menschen, die an einem hübschen Brunnen standen, die Händler in den Geschäften, die alten Mütterchen und junge Leute auf den Gassen: alle wollte er befragen. Vielleicht fände er wenigstens einen, der ihm verraten konnte, wo Gott zu finden sei. Er erhielt an diesem Tag viele Antworten. Einer sagte sogar: „Was weiß ich denn von dem Gott der Juden?“, andere wiederum meinten: „Ich bin mit diesem Gott fertig!“

Eine alte Frau sagte ihm: „Ah, junger Mann, den Gott brauchst du nicht lange zu suchen, denn er ist in deinem Gewissen!“ Der Minister war sehr enttäuscht über die Menschen in Jerusalem. Jeder erzählte ihm irgendeine Weisheit über Gott, die er nicht verstand. „Der Gott soll in meinem Gewissen sein?“ Er lief trotzdem weiter durch die Gassen Jerusalems und fragte fast je-

Der Kämmerer spricht mit einer alten Frau in Jerusalem

den, der an ihm vorbeiging. Der eine meinte, der Gott der Juden säße im Tempel, die anderen wiederum behaupteten, er hielte sich auf dem Ölberg auf. Es gab auch Leute, die behaupteten, der Gott der Juden befände sich im Herzen eines jeden Menschen und auch Leute, die behaupteten, der Gott der Juden hätte sein Volk vergessen. Darum seien sie unter die Herrschaft der Römer geraten.

Neue Hoffnung am Tempel

Schließlich ging der Minister zum Tempel, der so prächtig und erhaben aussah. Um den Tempel herum saßen scharenweise Händler und Wechsler; sie boten Täubchen in Käfigen, Schriftrollen und alles Erdenkliche zum Verkauf an, was mit dem Gott der Juden zu tun zu haben schien. Er näherte sich einem Stand mit Schriftrollen.

„Was steht denn darin geschrieben?“, fragte der Minister den Händler.

„Alles über den allmächtigen Gott und die Welt!“

„Über die Welt weiß ich alles, aber den Gott in Judäa suche ich, der über den Tod und das ewige Leben die Macht hat“, erklärte der Minister.

„Da seid ihr bei mir genau richtig! Ich habe die Schriftrollen von Jesaja, Hesekiel und von vielen anderen Propheten. Das Gesetzbuch des Mose habe ich auch!

Welches möchtet ihr haben, mein Herr?", fragte der Händler.

„In den Schriftrollen kann ich den Gott der Juden finden?", erkundigte sich der Minister mit skeptischer Miene. „Ich habe aber gehört, er hätte die Toten auferweckt. Ich suche den lebendigen Gott, keine Legenden über Götter in den Schriftrollen", betonte der Minister sehr nachdrücklich.

„Möchtet ihr nicht trotzdem wissen, was Gott gesagt hat? Hier – nehmt diese Schriftrolle, sie wird euch den Weg zeigen, wie ihr den lebendigen Gott finden könnt!"

Nach der Unterhaltung mit dem Händler kaufte er die teure handgeschriebene Schriftrolle von Jesaja. Menschenscharen wanderten um den Tempel herum, manche gingen hinein, andere kamen heraus. Hatte ihm nicht jemand erzählt, dass der Gott in dem Allerheiligsten des Tempels wohnte, aber niemand dort hineingehen durfte – außer dem Hohepriester, und das auch nur einmal im Jahr? Er näherte sich dem Haupteingangstor im Westen und gelangte in den äußeren Vorhof, den man auch den „Vorhof der Heiden" nannte. Er bewunderte die prachtvollen Motive der Säulengalerien und die kunstvollen Inschriften. Ein Mann im Priestergewand erkannte sofort den Heiden und Fremden an seiner dunklen Haut und an der Art seines langen Gewandes. Schnell lief er zum Eingang des Tempels und hinderte den Minister daran, einzutreten.

Der Kämmerer im Gespräch mit einem Priester

„Fremde dürfen hier nicht herein!“, sagte der Priester mit unfreundlicher Miene.

„Ich bin Minister von Äthiopien! Sollte der Tempel auch mir versperrt sein?“, entgegnete er.

„Gerade den Heiden ist der Zutritt zum heiligen Tempel Gottes verboten“, meinte der Priester barsch.

„Ich habe gehört, er soll die Krüppel auf den Gassen von Jerusalem geheilt haben! Wird er einem Minister die Audienz nicht gewähren? Bin ich denn eurem Gott weniger wert als die Krüppel auf der Gasse?“

„In dem Gesetzbuch des Mose steht es schon geschrieben, den Heiden, Eunuchen und Bastarden gewährt er keine Audienz.“

„Wem gewährt er denn seine Audienz?"

„Nur seinem Volk Israel!"

„In meinem Lande habe ich ein verwaistes Mädchen als meine Tochter adoptiert. Ich habe es in meinem Haus aufgenommen, gekleidet und ernährt, damit die arme Seele nicht Mangel leidet. Kann sich euer Gott nicht einem Ausländer, der nach ihm sucht, erbarmen?"

„Das Gesetz schreibt es uns so vor!", sagte der Priester sich entschuldigend, blieb jedoch standhaft in seiner Meinung.

„Ich habe gehört, er kann Kranke heilen und sogar Tote auferwecken. Er soll in den Gassen von Jerusalem viele Blinde, Taube und Kranke geheilt haben! Willst du nicht wenigstens den Gott der Juden fragen, ob er sich meiner annimmt?"

„Ah!", meinte der Priester, als habe er jetzt verstanden, wen der Minister in Wahrheit suchte. „Ihr sucht also den Scharlatan, der behauptete, Gottes Sohn zu sein?"

„Ich weiß nicht, ob er ein Scharlatan ist oder nicht. Ich suche den Gott, der die Macht hat, Wundertaten in Judäa zu vollbringen", entgegnete der Minister.

„Der kam schon mal zum Tempel und lehrte seine Meinung darüber, was in den heiligen Schriftrollen geschrieben ist. Einmal hat er die Stände da draußen umgeworfen. Er ist ein armer Mensch, der nicht weiß, was er sagt. Einmal habe ich selbst gehört, dass er behauptete, König der Juden und Gottes Sohn zu sein. Natürlich haben wir darüber nur lachen können. Es ist recht amüsant, solche verwirrte Seelen reden zu hören."

„Hast du auch gesehen, wie er Kranke geheilt hat?", fragte der Minister.

„Ja! Ein Kranker hielt seinen Rocksaum und dann meinte er: ‚Dein Glaube hat dich geheilt.' Aber irgendwie begriff ich das alles nicht, was da geschah."

Große Enttäuschung

Zum ersten Mal empfand der Minister, wie seine Hoffnung, den Gott der Juden zu finden, schwand. Er war seit seinem Reiseantritt noch nie so enttäuscht gewesen wie in dem Moment, als der Priester ihm zu verstehen gab, dass er die lange, mühselige Reise wegen eines Scharlatans angetreten hatte. Trotzdem gab er nicht auf und wollte mehr über diesen Mann erfahren. Er fragte den Priester weiter:

„Wie viele Kranke und Blinde waren es denn, die er geheilt hat?"

„Ich habe gehört, jeden Kranken, jeden Blinden und Tauben, der zu ihm kam, soll er geheilt haben. Es wurde auch gesagt, dass er sogar die Menschen, die von bösen Geistern besessen waren, davon befreit haben soll. Als Krönung von alledem behauptete er, dass er den Menschen ihre Sünden vergeben könne."

„Wer solche Wunder vollbringen kann, muss Gottes Sohn sein. Das kann doch kein gewöhnlicher Mensch sein, so wie wir es sind!“, meinte der Minister.

„Gottes Sohn? Nie im Leben! Der hat noch nicht mal die Sabbatruhe eingehalten, und trotz all unserer Warnungen hat er eifrig am Sabbat Kranke geheilt. Ein wahrer Sohn Gottes hält doch unbedingt den Sabbat ein.“

„Wo finde ich diesen Sohn Gottes, könntest du es mir sagen? Ich will trotzdem diesen Scharlatan, wie du ihn nennst, sehen.“

Da fing der Priester an, höhnisch zu lachen. „Diesen armen Sohn Gottes haben wir wegen Gotteslästerung dem Pontius Pilatus, dem Stellvertreter des römischen Kaisers in unserem besetzten Gebiet, überantwortet. So was Amüsantes habe ich noch nie erlebt. Stellt euch vor, Pontius Pilatus hat ihn mit zwei weiteren Verbrechern kreuzigen lassen. Dieser Sohn Gottes konnte sich noch nicht einmal selbst helfen und vom Kreuz herunterkommen. Auch sein angeblicher Vater Gott hat ihn in dem Moment im Stich gelassen, gerade als er seine Hilfe am dringendsten brauchte. Dieser arme Schreinersohn hatte noch nicht einmal das Geld, um sich ein Grab zu kaufen. Ein Reicher nahm seine Leiche und beerdigte ihn.“

„Und?“, fragte der Minister, denn eine sehr wichtige Frage blieb noch unbeantwortet. „Was sagt der Gott der Juden dazu? Hat er nicht gesagt, dass er seinen Sohn schicken wird, der die Kranken heilt?“

„Viele Propheten in den Schriften haben angekündigt, dass Gott den Juden einen Messias[2] schicken wird, aber der war doch kein Messias.“

Die Lektüre am Ölberg

Die lebhafte Unterhaltung hätte Stunden dauern können, hätte der Priester keine Verpflichtungen im Tempel gehabt. So entschuldigte er sich und ging in den Tempel zurück. Der Minister blieb eine Weile wie angenagelt an dem Portal stehen und versuchte diese Geschichte mit den vielen Widersprüchen zu verstehen. Dann wandte er sich in Richtung Straße und ging gedankenverloren die Stufen des Tempels hinunter.

„Was ist das für ein Gott, der einen Minister ablehnt und durch seinen Sohn die Toten auferweckt! Ist er vielleicht der Gott der Toten?“ Solche und ähnliche Fragen kreisten in seinem Kopf. Er bog in einen Weg, der in einen Garten führte, welcher am Fuße des Ölberges lag. Die Sonne schien hell am Himmel, die Vögel zwitscherten und ließen sich nicht in ihrem Lied stören, während ein Minister aus Äthiopien in dem Garten spazierte, der bei den Einheimischen Gethsemane hieß. Er setzte sich unter einen Ölbaum und lehnte seinen Rücken an den alten Stamm. Die Schriftrolle von Jesaja hielt er noch in der Hand. Sie war sei-

2 Das im Alten Testament verwendete hebräische Wort „*maschiach*“ bedeutet “der Gesalbte” (Messias). Priester und Könige wurden in Israel durch eine Salbung mit Öl feierlich in ihr Amt eingesetzt (2. Mose 29,7; 1. Samuel 10,1). Die Bezeichnung “der Gesalbte” wurde ursprünglich nur vom König gebraucht. Im prophetischen Wort schauen die Propheten dann einen kommenden König aus dem Geschlecht Davids, einen “Gesalbten”, der in einer Person Priester und König sein wird.

ne letzte Hoffnung. Vielleicht konnte sie ihm den Weg zum lebendigen Gott zeigen. Alle Menschen auf den Gassen, Marktplätzen und im Tempel von Jerusalem schienen ihn auf die falsche Fährte zu locken. Er war sicher, dass er dem Gott in Judäa keinen Schritt näher gekommen war. Resigniert rollte er das Buch auf und las, was darin stand. Er hatte in seiner Jugend gelernt, die Sprachen und Schriften der Ägypter, Assyrer und der Juden zu lesen. Unter anderem hatte ihm dieses Wissen den Aufstieg bis zum Hofe der Königin Kandake in Äthiopien ermöglicht.

„Hört, ihr Himmel, nimm zu Ohren, o Erde; denn der HERR hat gesprochen: Ich habe Kinder großgezogen und hervorgebracht, sie aber sind von mir abgefallen. Ein Ochse kennt seinen Besitzer, und ein Esel die Krippe seines Herrn, aber Israel kennt ihn nicht; mein Volk hat keine Einsicht“ (Jesaja 1,2-3).

„Armer König!“, murmelte der Minister vor sich hin. „Wer hätte das gedacht, dass ein Volk seinem König so undankbar sein kann?“ Er las weiter Zeile für Zeile, was dieser König über sein Volk schrieb. Der König gefiel dem Minister mehr und mehr. Er stellte ihn sich vor als einen Mann, der mit dem Gewand der Gerechtigkeit gekleidet war. ‚Wenn ich den Gott in Judäa nicht finde, möchte ich wenigstens diesen König kennen lernen‘, dachte er. Als er weiter las, bemerkte er, dass dieser König, dieser HERR, der ihm so sympathisch schien, der Gott der Juden sein musste.

Die Zeit im Garten verging wie im Flug, obwohl er sehr lange unter dem Ölbaum saß. Als er die Schriftrolle zu Ende gelesen hatte, stand er auf und ging zur Karawanserei zurück, wo er die nächsten Tage mit seinen Gefolgsleuten wohnen würde.

Nach vielen weiteren erfolglosen Befragungen auf den Gassen von Jerusalem machte der Minister schließlich die Bekanntschaft mit einem außergewöhnlichen Mann, während er bei einem Händler im Bazar seine Abendmahlzeit einnahm. Er hatte sich zu einem Einheimischen gesellt, dessen Aussehen ihn an jene Leute erinnerte, die sich besonders in Tempelnähe aufhielten. Auffällig waren das lange Gewand[3] mit den Quasten an den Kleiderzipfeln und die Gebetsriemen auf der Stirn und am linken Arm[4] dieses recht ernst dreinschauenden Mannes. Ihre Blicke trafen sich, als sie schon eine Weile unweit voneinander jeder für sich seine Speise aß. Unwillkürlich nickte der Minister mit dem Kopf als Zeichen der Begrüßung. Dieses Kopfnicken war wie der Schlüssel zu einer Schatzkiste, denn danach ergab sich eine angeregte Unterhaltung, womit der Minister nicht gerechnet hatte. Es stellte sich heraus, dass der bärtige Mann ein sehr gläubiger Jude war. Bald kamen sie ins Gespräch, und der Fromme erzählte von seiner äußerst konsequenten Lebensweise. Er log nicht, gab den Zehnten und hielt sich auch strikt an das Sabbatgebot. Seine Sachkenntnisse über die Gesetze und Gebote Gottes erwiesen sich als Goldschatz für den Minister. Nun erfuhr er erstmals, dass

---

3 Markus 12,38
4 Matthäus 23,5

man das ewige Leben haben kann, wenn man die Gesetze Gottes einhält. So nahe am Ziel sah sich der Minister noch an keinem Tag zuvor. Aber dann kam die bittere Enttäuschung: Der Fremde erklärte ihm, dass der Gott Israels nur für die Israeliten da sei. Sie sollten ihn im Tempel anbeten. Fremde hätten da aber nichts verloren.

Der Schatzmeister seufzte, hatte er das doch schon von dem Priester gehört. „Gibt es denn für die anderen Völker gar keine Hoffnung?", fragte er nach. „Doch ja, wenn jemand ganz eifrig Gott sucht und alle Vorschriften zum Übertritt in das Judentum einhält, dann kann er auch zum Tempel kommen, so ein bisschen wie durch die Hintertür", war die etwas hochmütige Antwort.

„Ja, und was muss man dann tun, wenn man den jüdischen Glauben angenommen hat?", fragte der Schatzmeister weiter. „Dann muss man peinlich genau die Gebote halten, die im Gesetz des Mose verzeichnet sind, sonst kann man Gott niemals gefallen", antwortete der Fremde. „Ich", so fuhr er recht stolz auf sich fort, „ich zum Beispiel bin ein Pharisäer. Das sind die Strengsten der Strengen, und ich überlege, ob ich überhaupt mit Dir an einem Tisch essen darf, weil wir uns von den Heiden fernhalten sollen. Gott hat uns in der Thora die Zehn Gebote und weitere 613 Gesetze gegeben. Um besonders wohlgefällig vor Gott zu leben, haben wir die Zahl Seiner Gesetze noch kräftig erhöht." Dem Schatzmeister sah man zwar schon von weitem an, dass er ein vornehmer Mann war; aber er kam sich jetzt so elend und klein vor, dass er ganz betrübt dasaß und schwieg.

Der Fremde begann von neuem: „Na ja, es können nicht alle so fromm sein wie ich. Daran hat unser Gott auch gedacht und den Großen Versöhnungstag Jom Kippur eingesetzt. Der findet jedes Jahr im Herbst statt. Da bringt der Hohepriester das Blut eines Opfertieres in das Allerheiligste des Tempels, dahin, wo Gott wohnt, und bittet Ihn für das ganze Volk um Vergebung ihrer Sünden. Dann sind alle Sünden des vorigen Jahres vergeben.

Darauf erkundigte sich der Schatzmeister: „Was geschieht denn mit denen, die kurz vor diesem großen Tag sterben?“ Ganz kühl antwortete der Pharisäer: „Entweder sie haben die Gebote peinlich genau gehalten wie ich zum Beispiel, oder sie kommen eben in die Gehenna, wo das Feuer ewig brennt.“

Der Minister fand diese Aussage geradezu niederschmetternd. Wenn schon von den Juden so viele Gott nicht gefallen können, welche Chance hatte er dann als Heide? Der Pharisäer sah dem fremden Gast an, wie sehr er erschrak und wollte ihn beruhigen: „Aber irgendwann wird das alles besser. Dann kommt nämlich der Messias, und der wird es so machen, dass wir alle fromm werden und in seinem schönen Königreich mit ihm ewig über alle Heiden regieren werden.“ Das sagte er mit voller Überzeugung und achtete gar nicht darauf, wie das wohl in den Ohren des Schatzmeisters, eines dieser Heiden, klingen musste. Dass der Messias noch nicht gekommen war, versetzte seiner Hoffnung auf das ewige Leben geradezu den Todesstoß. Nun kam ihm die quälende Frage: „Und was ist, wenn er nicht kommt, bis ich sterbe?“ Er erhob sich mühsam, nickte dem Pharisäer noch einmal höflich zu und schlurfte dann schweren Schrittes seiner Herberge entgegen.

Es gingen mehrere Wochen ins Land. Der Minister zog immer noch durch die Straßen von Jerusalem, in der Hoffnung, endlich einen verständigen Menschen zu finden, der ihm den Gott von Judäa zeigen könnte. Abends rollte er seine Schriftrolle auf. Doch viele Passagen dort verstand er einfach nicht, so wie diese:

„Denn uns ist ein Kind geboren, ein Sohn ist uns gegeben, und die Herrschaft ruht auf seiner Schulter; und er heißt: Wunder-Rat, Gott-Held, Ewig-Vater, Friedefürst; auf dass seine Herrschaft groß werde und des Friedens kein Ende“ (Jesaja 9,5-6a).

Da ihm niemand hatte helfen können, entschloss er sich, wenn auch widerwillig, am nächsten Tag abzureisen. Nachdem er seine Gefolgsleute beauftragt hatte, die Vorbereitungen für die Rückreise zu treffen, ging er zum letzten Mal auf die Straßen, um nach dem Gott der Juden zu fragen. Diesmal hatte er eine neue Idee. Er wollte an diesem letzten Tag die Kranken, Blinden und Tauben befragen, denn sie mussten doch wenigstens von dem mächtigen Gott gehört haben, wenn er Kranke wie sie geheilt hatte. Der Minister erinnerte sich, viele Krüppel und Blinde auf den Gassen und am

Eingang des Tempels gesehen zu haben, die dort bettelten.

Er ging zum Tempel und begegnete einem Blinden, der auf den Stufen an einer Ecke kauerte; mit seiner zerlumpten Kleidung und seinen verschlissenen Schuhen bot er einen erbärmlichen Anblick. Als der Blinde die Schritte der herannahenden Passanten hörte, streckte er seine Hand mit einem kleinen Becher mit einigen Münzen aus. „Will sich meiner niemand im Namen Gottes erbarmen?“, flehte er. Der Minister blieb vor ihm stehen. Er holte seinen Geldbeutel heraus und ließ einige Münzen in den Becher fallen. Der Blinde bedankte sich, als er das Klimpern hörte. Der Minister beugte sich zum Blinden und fragte:

„Hat der Gott der Juden dich nicht aufgesucht, damit du wieder sehen kannst?“

„Bei so vielen Blinden und Kranken, die ihn umgaben, konnte ich nicht zu ihm gelangen!“, entgegnete der Blinde.

„Wo war er denn?“, fragte der Minister.

„Es war in Jerusalem. Er kam in diese Stadt. Eine große Menschenschar lief hinter ihm her. Ich nahm meinen Stock und ging auch zu ihm. Die Leute schubsten mich weg, so konnte ich nicht geheilt werden. Es gab einen Krüppel, der jeden Tag vor dem Tempel bettelte. Der hat es geschafft. Der Sohn Gottes hat ihn geheilt.“

„Weißt du, wo ich den Geheilten finden kann?“, hakte der Minister nach.

„Seitdem er geheilt ist, will er mit mir nichts mehr zu tun haben. Deshalb kann ich dir nicht sagen, wo er ist.“

„Warum denn nicht? Hast du nicht gewusst, wo er wohnte?“, erkundigte sich der Minister.

„Siehst du denn nicht; ich bin nur ein Bettler, mit dessen Freundschaft man sich nicht rühmen kann! Wäre ich ein Edelmann, würde jeder meine Gesellschaft suchen.“

Der Bettler wandte sich von dem Fragenden ab, weil er jemand kommen hörte, den er um ein Almosen bitten wollte. Unser Minister hatte nun eine Spur gefunden, die er aber leider nicht weiter verfolgen konnte. Es wurde nämlich allerhöchste Zeit, zu seiner Königin zurückzukehren.

Abreise aus Enttäuschung

Die Karawane des Ministers mit den vollgepackten Kamelen und den Kameltreibern mit den langen Gewändern und Turbanen setzte sich Richtung Süden, nach Gaza, in Bewegung. Der Minister wollte dort noch einen Zwischenhalt einlegen und auch die Menschen dort nach ihrem Gott befragen.

Unweit von den zentralen Gassen Jerusalems lebte ein treuer Diener Gottes. Er wohnte mit seiner Frau und vier verständigen Töchtern in einem kleinen Häuschen in einer belebten Gasse. Die ganze Familie war fromm und bescheiden. Dieser treue Mann Gottes, Philippus, hätte dem Minister von dem Gott der Juden erzählen können, der die Macht hatte, sogar Tote aufzuerwecken. Bedauerlicherweise begegneten sich weder Philippus noch der Minister in den Gassen und Marktplätzen von Jerusalem. Philippus hatte sich entschlossen, dem Friedefürst der Juden zu folgen, seit er ihn mit seinen Wundertaten kennengelernt hatte.

Zu gleicher Zeit, als der Minister aus Jerusalem abreiste, kam ein Engel Gottes zu Philippus und sprach: „Steh auf und wandere nach Süden auf der Straße, die von Jerusalem nach Gaza herabführt; diese ist einsam!“[5]

Plötzlich taucht ein Fremder auf

Philippus stand auf und machte sich auf den Weg nach Süden, wie ihm der Engel seines Herrn befohlen hatte. Da traf er auf der einsamen Straße nach Gaza auf die Karawane des mächtigen Schatzmeisters der äthiopischen Königin. Der Minister saß auf seinem überdachten Wagen. Er schien tief in die Schriftrolle versunken zu sein, die er fest in der Hand hielt. Er las laut in der Einöde die Worte des Gottes der Juden, und er gewann immer mehr Freude daran, diese Worte aus seinem eigenen Munde zu hören. Er bemerkte nicht, dass Philippus sich ihm näherte.

---

5 Apostelgeschichte 8,26

Der Geist des Herrn sprach zu Philippus, als er den Mann auf dem Wagen sah: „Tritt hinzu und halte dich zu dem Wagen!"

Philippus grüßte den Mann auf dem Wagen: „Friede sei mit euch, mein Herr!"

„Und euch ein Wohlergehen!", entgegnete der Minister.

„Wohin in dieser Eile?", fragte Philippus.

„Nach Gaza, um den Gott der Juden zu finden und den anzubeten, der ewiges Leben schenken kann!", sagte der Minister und forderte Philippus auf: „Komm herauf zu mir auf den Wagen!"

Philippus im Gespräch mit dem Kämmerer

Ein Diener des Ministers eilte zur Hilfe, hielt das Kamel an und brachte den Wagen zum Stehen. Philippus stieg auf den Wagen und machte es sich neben dem Minister so bequem wie möglich. Philippus sah, dass der Fremde eine Schriftrolle von Jesaja in der Hand hielt. Er reckte den Hals und warf einen Blick auf das, was er las.

„Verstehst du auch, was du da liest?", fragte Philippus. „Wie kann ich denn, wenn mich nicht jemand anleitet! Ich habe schon viel in meinem Leben gelesen, aber mit diesem Text komme ich einfach nicht klar. Ich gewinne zwar mehr und mehr den Eindruck, dass hier etwas Wichtiges geschrieben steht, aber den Inhalt verstehe ich einfach nicht. Wenn mir das doch bloß einer erklären könnte", klagte der Minister.

„Wo kommst du her, und wohin fährst du?", erkundigte sich Philippus.

„Ich komme aus Äthiopien. Dort bin ich am Hofe der Königin Minister. Eines Tages hörte ich von einem Händler in meinem Lande, dass der Gott in Judäa die Toten auferweckt hat. Den suche ich."

„Hast du ihn gefunden?", fragte Philippus.

„Vergeblich irrte ich in den Gassen und auf dem Marktplatz von Jerusalem; wochenlang war ich auf der Suche nach diesem Gott. Keiner wusste, wo er war. Auch in seinen Tempel ließ man mich nicht hinein!", fügte der Minister frustriert hinzu.

Der Minister kommt doch noch zum Ziel

„Oh, da kann ich dir helfen. Du wirst es kaum glauben, aber ich kenne diesen Mann, von dem du da liest, ganz persönlich. Ich bin ihm selbst einige Male begegnet. Nie zuvor habe ich jemanden so gewaltig, aber auch so voller Liebe reden hören. Auch seine Taten haben mich tief bewegt."

„Ah, du bist also sein Freund?", fragte der Minister.

„Ich bin nur Philippus; sein treuer Diener!", entgegnete er.

„Der Händler in Jerusalem hat mir versichert, dieser Text sei über 700 Jahre alt. Für mich war es beim Lesen zur Frage geworden, ob der Schreiber von sich selbst redet oder von jemand anders. Aber wenn du nun einfach behauptest, du kennst ihn, dann bin ich völlig verwirrt. Wie soll ich denn das verstehen? Du willst mir doch wohl nicht einen Bären aufbinden? Diese Schrift ist mehrere Jahrhunderte alt, und Du meinst, diese Person hast du selbst gesehen?"

Die Schriftstelle, die er gerade las, war diese: *„Als er gemartert ward, litt er doch willig und tat seinen Mund nicht auf wie ein Lamm, das zur Schlachtbank geführt wird; und wie ein Schaf, das verstummt vor seinem Scherer, tat er seinen Mund nicht auf. Er ist aus Angst und Gericht hinweg genommen. Wer aber kann sein Geschick ermessen? Denn er ist aus dem Lande der Leben-*

digen weggerissen, da er für die Missetat meines Volkes geplagt war" (Jesaja 53,7-8).

Der Minister wandte sich nun Philippus zu und fragte: „Von wem sagt der Prophet dies? – Von sich selbst oder von einem anderen?"[6]

„Ich kann deine Situation nur allzu gut verstehen. Das alles ist in der Tat kaum zusammenzubringen, aber dennoch ist es wahr, was ich dir sage. Über diesen Text aus dem Propheten Jesaja haben schon viele Leute nachgedacht. In den vergangenen Jahrhunderten sind schon manche Buchrollen darüber vollgeschrieben worden. Du wirst staunen, aber ich kann dir die verbindliche Antwort geben, wer dieser ER ist und was es mit ihm auf sich hat. Der Prophet Jesaja hat hier über den verheißenen Messias geschrieben. Es ist der Erlöser, von dem Gott schon seit Jahrhunderten gesagt hat, dass er kommen werde. Stell dir vor, gerade zu unseren Lebzeiten geschah das nun. Er wurde in Bethlehem, unweit von Jerusalem, geboren. Auch das hatte Gott uns schon durch den Propheten Micha, einen Zeitgenossen Jesajas, etwa 750 Jahre vorher angekündigt. Als er dreißig Jahre alt war, sammelte er zwölf Männer um sich und verkündigte überall im Lande die gute Botschaft Gottes. Weil seine engen Anhänger Lernende waren, nannte er sie Schüler oder Jünger. Ich habe noch nie zuvor jemanden so predigen gehört, wie er es tat, obwohl er nie eine höhere Schule besucht hatte. Er hat aber nicht nur gepredigt; viele Menschen hat er von schwerer Krankheit geheilt. Ich habe selbst nur Einiges

---

6 Apostelgeschichte 8,34

miterleben dürfen, aber mein Namensvetter war einer von den Zwölfen, und der hat mir alles haargenau erzählt. Mir kommt es im Nachhinein so vor, als sei ich von Anbeginn immer dabei gewesen."

So schilderte er mir unter anderem folgende Begebenheit:

„Einmal waren wir mit dem Schiff auf dem See Genezareth in einen orkanartigen Sturm geraten. Wir schwebten in Todesängsten, weil das Schiff unterzugehen drohte. Er aber schlief tief und fest, als ginge ihn das alles gar nichts an. Als wir ihn in unserer Verzweiflung weckten, schalt er uns als kleingläubig, dann erhob er seine Hand und gebot dem Sturm zu schweigen. Augenblicklich war es vollkommen stille auf dem zuvor tosenden Gewässer. So etwas hatten wir noch nie erlebt."

„Der Händler in meinem Lande hat also doch Recht gehabt. Erzähl mehr, das interessiert mich brennend."

„Ein andermal waren die Zwölf mit ihm unterwegs, da bekamen sie die Nachricht, dass sein guter Freund in Bethanien schwer erkrankt sei. Du musst wissen, er hatte die Vollmacht, jede Krankheit zu heilen. Das hatten die Jünger schon oft miterlebt."

„Dann sind sie also sofort nach Bethanien aufgebrochen?"

„Keineswegs! Aber das verstanden die Zwölf auch nicht. Er sagte vielmehr, lasst uns noch zwei Tage hier bleiben. Als er dann doch mit ihnen in jenem Dorf ankam, war der Kranke inzwischen gestorben, und viele Freunde, Nachbarn und Verwandte hatten sich zur Trauerfeier eingefunden. Es war ein Weinen und Jammern, dass man es kaum mit anhören konnte. Aber es war zu spät. Voller Anklage sagte Lazarus' Schwester Martha: ‚Wärest du rechtzeitig hier gewesen, dann wäre mein Bruder nicht gestorben.' Aber als die Jünger sahen, was dann geschah, trauten sie ihren Augen nicht. Er gab zwei Befehle. Zunächst: ‚Nehmt den Rollstein von dem Grab weg!' Martha wandte belehrend ein: ‚Er hat schon vier Tage gelegen. Bei dieser drückend heißen Luft ist die Verwesung schon in vollem Gange. Er stinkt schon.' Der Meister aber ließ sich von seinem Vorhaben nicht abbringen, bis sie den Stein weggewälzt hatten. Dann rief er mit lauter Stimme in Richtung des Felsengrabes: ‚Lazarus, komm heraus!' Allen Anwesenden verschlug es den Atem, denn so etwas hatten sie noch nicht erlebt. Der Tote kam tatsächlich sofort heraus. Der Körper war noch umwickelt mit allen Grabtüchern, wie das hierzulande so Sitte ist. Die Anwesenden, die das so handfest als Augenzeugen erlebten, waren nicht nur tief beeindruckt von dem soeben Erlebten, ihnen wurde schlagartig klar, das muss Gottes Sohn sein, der Messias Israels. Augenblicklich glaubten viele an ihn."

Die Wissbegierde des Ministers war unstillbar: „Sag mal, warum bist du jetzt nicht bei ihm? So einem Mann wäre ich doch auf Schritt und Tritt gefolgt."

Philippus lachte herzhaft und sagte dann freundlich: „Diese Frage musste kommen! Er hat die Menschen geliebt wie kein anderer. Er tat ihnen Gutes wie nie irgendjemand zuvor. Er hat nie etwas Böses getan. Ja, selbst seine Feinde konnten ihm nicht eine einzige Sünde nachsagen. Trotzdem haben die Menschen ihn verurteilt und bei vollem Bewusstsein an ein Kreuz genagelt."

Der Minister unterbrach den Philippus: „An ein Kreuz? Das hab ich schon gehört. Sprichst du jetzt von dem Scharlatan, der mit zwei anderen Verbrechern gekreuzigt wurde?"

„Wer hat dir gesagt, dass er ein Scharlatan sei?" Philippus wunderte sich, warum dieser wildfremde Mann, der einen so weiten Weg zurückgelegt hatte, um Gott zu finden, den Messias einen Scharlatan nannte.

„Als ich auf der Suche nach dem Gott der Juden war, ging ich in den Tempel in Jerusalem, aber ein Priester ließ mich nicht hinein. Bei unserer kurzen Unterhaltung hat er mir zu verstehen gegeben, dass der Gott, den ich suche, der Tote auferwecken und Kranke heilen kann, ein Scharlatan sei. Pontius Pilatus hätte ihn kreuzigen lassen, aber er hätte sich nicht selbst helfen und vom Kreuz hinabsteigen können. Warum hat er sich nicht gewehrt, wenn er so mächtig war?"

„Ja, das hätte er tun können. Aber er ließ alles lautlos über sich ergehen. Auf seinen eigenen Tod hatte er die zwölf Jünger lange vorbereitet. Sie wollten es nicht glauben, dass er einen so bitteren Tod erleiden muss. Er hatte das immer wieder von neuem erklärt: ‚Es muss so geschehen. Ich muss sterben für die Sünden der Menschen. Wenn ich durch meinen Tod nicht das Gericht für eure Sünden auf *mich* nehme, dann bleibt ihr alle in der Verlorenheit und werdet dem ewigen Gericht verfallen.‘ Er machte immer wieder deutlich, dass die Sünde nicht anders beseitigt werden kann. Nun liegt sein Tod schon einige Zeit zurück. Vor den Toren jener Stadt, die du gerade besucht hast, wurde er gekreuzigt. Ein römischer Hauptmann leitete diese schreckliche Aktion. Dieser kriegserprobte und unerschrockene Mann hatte schon viele öffentliche Kreuzigungen beaufsichtigt. Er wusste genau, wie die Menschen in einer solchen Grenzsituation reagieren. Schreie und Flüche wechseln einander ab, dazwischen Stöhnen und schwere Atembeschwerden. Oft schon hatte er diese Szenerie eines stundenlangen verbissenen Kampfes mit dem Tode aus allernächster Nähe beobachtet. Was er aber nun erlebte, durchbrach alle seine bisherigen Erfahrungen. Hier starb erstmals einer ganz anders. Er führte nicht das geringste Wort der Anklage gegen seine Peiniger. Während eine grölende Volksmenge ihn verhöhnte, betete er zu seinem Vater im Himmel: ‚Vater, vergib ihnen, denn sie wissen nicht, was sie tun.‘“

„Entschuldige, dass ich dich unterbreche. Hier beim Propheten steht der Satz: ‚Er tat seinen Mund nicht auf wie ein Lamm, das zur Schlachtbank geführt wird.‘ Trifft das nicht auch auf diese Situation der Kreuzigung zu?“

„Ja, genau, das ist es! Der Prophet beschreibt exakt das, wovon ich dir gerade erzähle. Beim letzten Atemzug sagte er noch: ‚Es ist vollbracht.' Er wollte damit sagen, der Plan Gottes für die Rettung der Menschen ist nun ausgeführt. Noch nie hatte jemand am Kreuz solche Worte gesagt. Hier war etwas ganz Außergewöhnliches passiert. Der Hauptmann gewann daraus eine tiefe Erkenntnis, die er dort auch öffentlich aussprach: ‚Dieser ist wirklich Gottes Sohn gewesen.' Niemand hatte ihm das gesagt; das hatte er aus dem Erlebten geschlossen."

„Ich muss dich unterbrechen. Nach allem, was ich bis jetzt gehört habe, glaube ich das auch. Das kann kein gewöhnlicher Mensch gewesen sein. Immer deutlicher erkenne ich, dass von diesem Gekreuzigten in meiner Buchrolle geschrieben steht. Aber erzähl weiter. Die Geschichte ist aufregend."

„Das Größte habe ich dir noch gar nicht gesagt: Er ist nicht im Tode geblieben. Er hat selbst nie etwas Unrechtes getan, er war wirklich ohne jegliche Sünde, darum konnte der Tod ihn nicht halten. Am dritten Tage ist er wieder lebendig geworden."

Der Minister riss seine Augen weit auf, holte tief Luft und rief vor lauter Staunen: „Ah! Wie? Dann war er wieder lebendig? Das gibt es doch nicht! Hat das denn jemand gesehen?"

„Ja! Die Jünger waren alle vorher eingeweiht, aber keiner von ihnen wollte ihm das wirklich abnehmen. Sie hatten allerdings keinen Grund zum Zweifeln, denn was er sagte, traf ohne Ausnahme immer zu. Einmal sagte er: ‚Ich bin die Wahrheit'.[7] Als sie ihn dann als den Auferstandenen vor sich sahen, mit ihm sprachen, ihn angefasst und berührt hatten, ja sogar mit ihm gegessen hatten, da waren sie ganz gewiss. Alles stimmte, was er zuvor geredet hatte. In Bethanien hatte er gesagt: ‚Ich bin die Auferstehung und das Leben.'[8] Die Bedeutung dieses Satzes konnte aber damals noch niemand ermessen."

„Das ist wunderbar. Aber wo ist er jetzt? Wenn er lebt, dann möchte ich ihn unbedingt einmal kennenlernen."

„Du stellst die wichtigste Frage, die ein Mensch überhaupt stellen kann. Als er schon auferstanden war, hat er den Auftrag gegeben, allen Menschen von ihm zu erzählen. Wörtlich hatte er gesagt: ‚Mir ist gegeben alle Gewalt im Himmel und auf Erden. Darum gehet hin und machet zu Jüngern alle Völker: Taufet sie auf den Namen des Vaters und des Sohnes und des Heiligen Geistes und lehret sie halten alles, was ich euch befohlen habe. Und siehe, ich bin bei euch alle Tage bis an der Welt Ende.'"[9]

„So verabschiedete er sich von den Jüngern, und dann nahm ihn eine Wolke auf. Alles geschah so vor ihren Augen: Er ging auf diese Weise zurück zu seinem Vater im Himmel. Als sie ihm noch nachsahen, standen da plötzlich zwei Männer in leuchtend weißen Gewän-

[7] Johannes 14,6
[8] Johannes 11,25
[9] Matthäus 28,18-20

dern – es waren Engel Gottes –, und sie beruhigten die Jünger: ‚Ihr Männer von Galiläa, was steht ihr da und seht gen Himmel? Dieser …, der von euch weg gen Himmel aufgenommen wurde, wird so wiederkommen, wie ihr ihn habt gen Himmel fahren sehen'.[10] Das hatte er uns auch selbst sehr oft gesagt. Er wird am Ende der Zeiten wieder sichtbar auf die Erde zurückkehren – dann nicht mehr als Kind in der Krippe wie bei seinem ersten Kommen, sondern in seiner ganzen Macht und Herrlichkeit. Er wird dann das Gericht über alle Menschen halten. Niemand kann sich diesem Gerichtstag entziehen. An diesem Tag zählt nur noch Eines: Haben wir uns in unserem Leben ganz auf seine Seite gestellt?"

„Das ist sehr viel Neues für mich. Darüber habe ich noch lange nachzudenken. Aber, sag mal Philippus, wenn ich das alles richtig verstanden habe, dann kommt es doch für jeden Menschen darauf an, dass er sich ganz auf ihn einstellt und ihm folgt. Kann ich das auch tun? Gilt das etwa auch für einen Äthiopier?"

„Du hast messerscharf geschlossen. Aus allen Völkern, Stämmen und Nationen können die Menschen zu ihm kommen, und er wird sie retten. Das gilt somit auch für dich, der du aus dem fernen Äthiopien kommst."

„Etwas finde ich jetzt merkwürdig. Wir haben so viel von ihm gesprochen, aber du hast auch immer nur „Er" gesagt, ebenso wie es hier in meiner Buchrolle steht. Hat er denn keinen Namen?"

---

[10] Apostelgeschichte 1,11

„Oh doch, er hat sogar einen ganz besonderen Namen. Er heißt Jesus."

„Den Namen habe ich noch nie gehört. Bei uns in Äthiopien gibt es viele wohlklingende Namen, aber einen solchen habe ich in der Tat noch nie gehört."

„Es ist etwas Besonderes um diesen Namen. Auch die Propheten, die immer wieder im Auftrag Gottes von ihm schrieben, kannten noch nicht seinen Namen. Gott hat ihn lange Zeit verborgen gehalten. Erst kurz vor seiner Geburt verkündete ein Engel: ‚... Und sie (Maria) wird einen Sohn gebären, dem sollst du den Namen Jesus geben'.[11] Dieser Name ist von Gott selbst über alle Namen gesetzt. Jesus ist etwas anderes als ein schöner oder ausgefallener Rufname. Dieser Name ist ein Programm. Er hat uns immer wieder gelehrt, wer er ist: ‚Ich bin der gute Hirte, ich bin das Licht der Welt, ich bin der Weg zum Vater, ich bin die Tür zum Himmel, ich bin die Wahrheit, ich bin das Leben...' Der Name Jesu beinhaltet das alles. Niemals in der Weltgeschichte konnte jemand solche Worte von sich sagen. Bei ihm aber passte das. Diese Worte machten sein Wesen aus. Er war wirklich der von Gott versprochene Retter, der Gesalbte, der Messias oder der Christus. ‚Darum hat ihn auch Gott erhöht und hat ihm den Namen gegeben, der über alle Namen ist'.[12] Nun ist es so, wer diesen Namen anruft, der wird errettet, der kommt nicht mehr in das Gericht, sondern ihm ist das ewige Leben geschenkt – und das ist der Himmel."

---

11 Matthäus 1,21
12 Philipper 2,9

„Ich muss jetzt noch einmal auf das Anliegen meiner Reise zurückkommen. Weißt du, ich hatte schon in meiner Heimat davon gehört, dass es einen Gott geben muss. Wochenlang habe ich diesen Gott in Jerusalem gesucht. Ich wollte ihn sogar anbeten, aber ich habe ihn nirgends gefunden. Weißt du den Weg zu Gott?"

„Hast du es noch nicht gemerkt, Jesus ist der Weg zu Gott! Ja, er ist sogar der einzige Weg zu ihm. Gott kannst du auf keinem anderen Weg finden – wohin du auch gehst. Alle unsere eigenen Versuche, zu Gott zu kommen, sind Irrwege. In Jesus ist uns Gott selbst entgegengekommen. Nur ihn allein hat Gott für den Glauben hingestellt.[13] ‚In keinem anderen ist das Heil, ist auch kein anderer Name unter dem Himmel den Menschen gegeben, darin wir sollen gerettet werden.'"[14]

„Verstehe ich dich richtig, direkt zu Gott können wir gar nicht kommen? Geht es denn wirklich nur durch diesen Jesus?"

„Das hast du klar erkannt! Wer ohne Jesus zu Gott kommen will, missachtet den Willen Gottes. Denn Gott hat ausdrücklich seinen Sohn Jesus dazu eingesetzt, dass wir von ihm das ewige Leben empfangen. Jesus hat dieses Heil am Kreuz erworben, und darum ist auch nur er der Geber."

„Nun wird mir auch klar, warum der fromme Priester mir nicht den Weg zu Gott zeigen konnte. Er redete

---

13 Römer 3,25

14 Apostelgeschichte 4,12

zwar viel von Gott, aber er kannte ihn selbst gar nicht, weil er Jesus ausklammerte."

„Jetzt bist du ganz dicht daran, Rettung zu finden. Rufe den Herrn Jesus im Gebet an, bekenne ihm deine Sünden und lade ihn ein, in dein Leben zu kommen."

Der Minister wunderte sich, als Philippus seine Sünden erwähnte: „Was meinst du mit Sünden? Aber ich bin doch mein Leben lang ein guter Mensch gewesen. Ich war aufrichtig gegenüber meiner Königin, meinen Dienern und meinen Freunden. Nie habe ich sie betrogen. Nie habe ich ihnen einen Wunsch abgeschlagen, wenn ich es irgendwie erfüllen konnte. Die Bettler, die an meiner Türe klopften, habe ich nicht mit leeren Händen weggeschickt. Und jetzt soll ich Sünder sein?", widersprach der Minister.

„Hast du auch nie gelogen, gestohlen und gehasst?", fragte Philippus.

„Ah! Als Kind habe ich doch geschwindelt, weil ich Angst hatte, dass meine Eltern mich bestrafen würden, wenn sie die Wahrheit über meine Dummheiten erführen. Die Früchte im Garten des Nachbarn haben wir auch geplündert. Aber all das liegt doch lange Jahre zurück!"

„Ja, auch deshalb sind wir alle Sünder in Gottes Augen!", fügte Philippus hinzu.

„Hat der Gott uns nicht von Anfang an als Lügner erschaffen? Dadurch bin ich doch der Strafe meiner Eltern entkommen!“, fragte der Minister.

Philippus begann dem Minister zu erzählen, wie die Lüge in die Welt kam, wie der erste Mord zwischen Brüdern entstand und wie allmählich Betrug, Missgunst und Neid unser Leben beherrschte. Als er mit seinen ausführlichen Erklärungen fertig war, war der Minister sehr enttäuscht von sich selbst. Er hatte sein Leben lang eine selbstgerechte Meinung von sich gehabt. Er hatte immer geglaubt, ein guter Mensch zu sein. Nun sah er, wie sein selbstgerechtes Selbstbild plötzlich wie eine Sandburg einbrach, die von den Wellen fortgespült wird.

Dann berichtete ihm Philippus von der Guten Botschaft, dem Evangelium von dem Messias, wie wir aus diesem Dilemma herauskommen. Davon hatte der Minister von dem Händler nur sehr bruchstückhaft etwas erfahren.

„Der Kernpunkt des Evangeliums lässt sich kurz so zusammenfassen: Alle Menschen sind wegen der Übertretung der Gebote Gottes verloren und fallen darum unter das Gericht Gottes. Weil jedoch Jesus am Kreuz alle Schuld für uns stellvertretend auf sich nahm, erhalten wir Freispruch und haben damit Zugang zum ewigen Leben. Und das bedeutet, den Himmel als Geschenk zu erhalten. Für alle, die dieses Liebesangebot Gottes akzeptieren und den Sohn Gottes persönlich als

Herrn und Heiland angenommen haben, gilt nun der neue Status: ‚Unser Bürgerrecht aber ist im Himmel'."[15]

„Nach allem, was ich jetzt gehört habe, will ich Jesus in mein Leben einladen." Und der Minister betete:

„Jesus, komm! Nimm mich auch als Deinen Diener an, wie Philippus. Mögest Du mir bitte zuerst alle meine Sünden vergeben. Gib mir die Kraft, Dir ewig treu zu sein. Wohin Du auch gehen magst, hilf mir, Dir zu folgen! Was ich auch tun mag, möge es in Deinem Sinne sein!"

„Jetzt bist du ein Kind Gottes geworden. Jesus ist dein Retter, und Gott im Himmel ist nun dein Vater geworden. Wer Kind Gottes ist, der ist auch Erbe des Himmels. Dein Reichtum ist jetzt größer als alle Schätze der Kandake, deiner Königin von Äthiopien."

„So einfach ist das?", fragte der Minister.

„Ja, so einfach ist es, weil es von Gott ist und nicht von Menschen erfunden wurde!", bekräftigte Philippus.

„Was muss ich machen, damit ich auch nach dem Tode das ewige Leben habe?", fragte der Minister.

„Einfach an den Herrn Jesus Christus glauben, weiter zu ihm beten und ihm folgen!", sagte Philippus.

---

[15] Philipper 3,20

„Ich habe noch eine Frage an dich, Philippus. Können meine Diener, meine Tochter und meine Königin auch das ewige Leben bekommen?"

Philippus lächelte: „Ja, ausnahmslos alle sind von Gott dazu eingeladen!"

„Ist das alles?", fügte der Minister hinzu, als könne er gar nicht daran glauben, dass das ewige Leben so einfach zu erlangen sei.

„Ich kann es noch gar nicht fassen, was mit mir geschehen ist. Ich muss erst mal vom Wagen runter und vor Freude springen. Ist das zu begreifen? Gibt es Zufälle? Ich kaufe mir die Jesaja-Rolle, ohne zu wissen, welchen Schatz ich da erworben habe. Dann lese ich genau die Stelle, wo es um den Sohn Gottes geht, der das Heil bringt. Den Text verstehe ich nicht, aber gerade im rechten Augenblick kommst du mir zur Hilfe. Und damit noch nicht genug: Die Heilsgeschichte hat sich gerade erst kürzlich erfüllt. Ohne Gott ist das alles nicht mehr zu begreifen."

„Du hast Gott von ganzem Herzen gesucht – ja, du hast es sogar unter großem Aufwand getan! Und er hat versprochen, wer das tut, der wird ihn auch gewiss finden. So steht es in den alten Schriften: ‚Ihr werdet mich suchen und finden; denn wenn ihr mich von ganzem Herzen suchen werdet, so will ich mich von euch finden lassen'.[16] Das hast du nun auch erfahren. Ich will dir noch verraten, dass mich ein Engel Gottes beauf-

[16] Jeremia 29,13-14a

tragt hat, dich aufzusuchen. Gott hat dein Suchen also direkt beantwortet."

Der Minister staunte noch mehr.

„Und dann muss ich dir noch etwas Wichtiges über diesen Jesus sagen, der dein Herr geworden ist. Wenn du heute Nacht nach oben schaust, dann wirst du einen schönen klaren Sternenhimmel sehen. Weißt du, wer der Urheber dieser wunderbaren Werke ist? Auch du kennst ihn jetzt persönlich: Es ist derselbe Jesus, der uns am Kreuz erlöst hat. In seiner Person kommt alles zusammen: Er ist der Retter, er ist der Gekreuzigte und Auferstandene, und er ist auch der Schöpfer dieser Erde und des ganzen Universums mit allen Sternen."

„Ich komme aus dem Staunen nicht mehr heraus. Du erzählst immer größere Dinge von meinem neuen Herrn. Nun hab ich aber noch eine Frage. Sag mal, ist es wirklich alles, was ich machen musste, von ganzem Herzen dieses Gebet sprechen und an ihn glauben?"

„Ja! Ja!", antwortete Philippus. „Die kostbarsten Dinge sind am einfachsten! Aber du hast Recht, es gibt noch etwas! Lass dich in Jesu Namen taufen; damit bezeugst du, deine alte sündige Natur gehört nun der Vergangenheit an! Denn Jesus selbst hat uns erklärt, was es damit auf sich hat. Wer zum Glauben an ihn kommt, bei dem ist die Taufe der nächste konsequente Schritt. Mit der Taufe dokumentieren wir vor der sichtbaren und unsichtbaren Welt: Ich habe mich aus eigenem Entschluss ganz und gar auf die Seite Jesu gestellt. Ihm gehöre ich im Leben wie im Sterben. Die Taufe ist der Eintritt in eine neue Lebenssphäre, sie dokumentiert eine Absage an das alte Leben, das ohne Christus gelebt wurde.[17] Glaube und Taufe bilden eine zusammengehörende Einheit, darum sagte der Herr Jesus: ‚Wer da glaubet und getauft wird, der wird gerettet werden'.[18] Die Taufe wird damit auch zu einem Akt des Gehorsams."

Philippus tauft den Kämmerer

Als sie irgendwann an einem See vorbeikamen, in dem sich der blaue Himmel spiegelte, begehrte der Minister, als könne er es gar nicht abwarten, getauft zu werden. „Sieh hier ist Wasser! Was hindert mich daran, getauft zu werden?" Der Minister befahl seinem Diener, die Karawane anzuhalten. Mit Hilfe seiner Diener sprang er geschwind vom Wagen herunter und lief auf das

17 Römer 6,4
18 Markus 16,16

Wasser zu. Philippus folgte ihm zum Seeufer, das von Pflanzen umgeben war und stieg mit ihm ins Wasser. In dem kristallklaren Wasser tummelten sich große und kleine Fische. Des Ministers Gefolgschaft beobachtete das Geschehen. Sie fragten sich, was mit dem Minister los sei, der mit diesem wildfremden Mann ins Wasser ging und warum dieser Unbekannte ihn untertauchte. "Wenn du vom ganzen Herzen glaubst, so ist es erlaubt!"[19], sagte Philippus. Der Minister antwortete und sprach: „Ich glaube, dass Jesus Christus der Sohn Gottes ist!"[20]

„Du hast dich ganz bewusst dem Herrn Jesus zugewandt, darum bist du jetzt auch gläubig. So kann ich dich auf dein Bekenntnis zu Jesus hin auch taufen. Ich taufe dich auf den Namen Gottes, deines Vaters im Himmel, seines Sohnes Jesus, deines Retters, und des Heiligen Geistes, der dich fortan in alle Wahrheit leiten wird. Etwas darfst du dir zeichenhaft merken: Das Untertauchen symbolisiert gewissermaßen unser Gestorben-Sein mit Christus, denn: ‚Alle, die wir in Jesus getauft sind, die sind in seinen Tod getauft'.[21] Das Auftauchen aus dem Wasser kannst du zeichenhaft als deine Auferstehung deuten: ‚Wenn nun der Geist des, der Jesus von den Toten auferweckt hat, in euch wohnt, so wird derselbe, der Jesus Christus von den Toten auferweckt hat, auch eure sterblichen Leiber lebendig machen durch seinen Geist, der in euch wohnt'[22]."

---

[19] Apostelgeschichte 8,37

[20] Apostelgeschichte 8,37

[21] Römer 6,3

[22] Römer 8,11

Der Minister fühlte sich wie neugeboren, als er aus dem Wasser herauskam. Es sah aus, als hätte er sein ganzes vorheriges Leben im See gelassen. Er war so fröhlich wie noch nie zuvor. Denn er war lebenslang ein ernster Mann gewesen. Was er sagte und tat, war immer wohlüberlegt. Seine Begleiter kannten ihn kaum wieder. Bisher kam er ihnen immer ein wenig grüblerisch und traurig vor, doch jetzt war er voller Leichtigkeit und Freude.

„Ich bin Gott so dankbar, dass ich ihn doch noch gefunden habe. Philippus, du hast mir die Augen geöffnet! Ich hatte mich schon voller Resignation auf den Heimweg begeben. Nun habe ich Gott in Jesus gefunden – und das in dieser einsamen Gegend an einem See. Ich kann es noch kaum fassen. Mir ist aber klar geworden: Gott hat sich nicht an einen bestimmten Ort gebunden, an dem er zu finden ist. Er lässt sich wirklich überall finden, wenn wir es nur wollen. Gott finden wir aber nirgendwo anders als allein in Jesus. Mein Herz kann vor Freude zerspringen! Dies war die wichtigste Reise meines Lebens. Für meine Landsleute bringe ich die beste Botschaft mit."

Während er noch redete, verschwand Philippus auf einmal vor den Augen des Ministers. Doch den Minister wunderte gar nichts mehr.

Er zog fröhlichen Herzens seines Weges. Den Philippus fand man in Aschdod wieder. Er zog umher und verkündigte das Evangelium in allen Städten.

Die Rückreise

Der Minister zog mit seiner Karawane fröhlich zurück durch die Wüste in Richtung Äthiopien. Er wollte eine passende Gelegenheit auf der langen Reise abwarten, um über seinen neuen Glauben zu erzählen. Doch zunächst wollte er für sich selbst alles noch einmal durchgehen, was er von Philippus gelernt hatte.

Unter der Gefolgschaft des Ministers gab es einen kleinen aufgeweckten Jungen, der dem Koch half. Es war ein noch sehr junger Sklave des Karawanenführers des Ministers. Er füllte in der Oase die leeren Schläuche mit Wasser, schürte das Feuer, und reichte den Durstigen auch Wasser zum Trinken. Der kleine Menelik hatte große Freude daran, mit Erwachsenen tagelang durch fremde Länder zu reisen. Er sagte sich: „Wenn ich einmal groß bin, werde ich Karawanenführer." Die Erwachsenen neckten und ärgerten ihn zuweilen mit bösen Scherzen, aber durch seinen noch kindlichen Geist vergab er ihre Bosheiten und war nie nachtragend.

Als die Karawane in Ägypten an einem Nebenfluss des Nil Rast machte, schickte der Koch den kleinen Jungen zum Fluss, um den Schlauch zu füllen. Er lief fröhlich pfeifend los und verschwand von der Bildfläche. Seit seiner Geburt hatte Wasser eine besondere Faszination auf den kleinen Menelik ausgeübt. In seiner Heimat, die im Norden des heutigen Äthiopiens lag, gab es große Flüsse, die bei der Regenzeit über die Ufer traten. Besonders in Erinnerung war ihm der Blaue Nil, der im Tanasee entsprang. Er hatte oft darin gebadet. Hier in Ägypten war es auch der Nil, an dem sie entlang ritten, während sich zur Linken die weite, staubige Steppe ausdehnte.

Als er den Fluss mit dem klaren Wasser vor sich hinfließend sah, erfasste ihn wieder diese Faszination. Wie wunderbar musste es doch sein, ein Fisch zu sein.

Menelik warf seinen Wasserschlauch, den Turban, das Gewand und die Schuhe von sich und sprang ins kühle Nass. Beim Plantschen vergaß er alle seine Pflichten. Das Wasser wusch den Staub der Wüste von ihm ab, weichte seine von der Sonne vertrockneten Lippen auf, kühlte seinen Kopf und umhüllte ihn wie mit zarten Armen, so dass Menelik es am liebsten nie wieder verlassen wollte.

Der Koch wurde ungehalten, als der kleine Menelik mit dem Wasserschlauch nicht zurückkam. Er rief einen Knecht zu sich und beauftragte ihn, Menelik zu suchen. Der Bursche fand den Jungen fröhlich im Wasser plantschend und schalt ihn ordentlich. Nicht die Schelte, sondern dass er das Wasser, das er so liebte, verlassen musste, machte Menelik wehmütig. Er stieg widerwillig und murrend heraus, zog sein Gewand an und setzte den Turban auf. Dann füllte er seinen Schlauch, und sie gingen gemeinsam zum Rastplatz zurück.

Der Rastplatz lag unter dem spärlichen Schatten der Bäume. Die Kamele weideten nicht weit davon entfernt am Flussufer. Eine dünne Rauchwolke stieg vom

Lagerfeuer in den Himmel auf. Die Männer und der Minister hatten es sich unter dem Baum gemütlich gemacht. Als der kleine Menelik sich den Männern näherte, neckten sie ihn.

„Wo bist du geblieben? Hat dich eine Wassernixe entführt?“, fragte der Koch.

„Ich habe keine Nixe gesehen!“, meinte er.

„Wer hat dich denn dort festgehalten?“, fragte ein anderer.

Menelik ärgerte sich, dass die Erwachsenen kein Verständnis für sein Badebedürfnis hatten. Auch die Bemerkung des Karawanenführers, dass er zuerst seine Pflichten erfüllen müsse und nicht zum Spaß hier sei, betrübte ihn.

Das Nachtlager des Jungen

In der Nacht begann es ihn ordentlich zu jucken. Moskitos hatten ihn beim Baden gestochen. Während die Männer friedlich schlummerten, wälzte er sich kratzend von einer Seite zur anderen.

Unerbetene Gäste

Die Karawane des Ministers setzte ihre Reise nach Süden fort. Alles schien friedlich. Als sie einige Tage später gemächlich in der Abenddämmerung eine felsige Schlucht passierten, hörten sie plötzlich ein lautes Grölen und Schreien mit Pferdegetrappel. Junge Burschen mit langen Speeren in der Hand galoppierten von beiden Seiten der Straße auf die Karawane zu. Die Männer und der Minister erschraken. Es war ihnen bekannt, dass sich in dieser Gegend Räuber aufhielten. Die angriffslustigen Räuber auf ihren Pferden gingen mit Speeren auf die Männer auf den Kamelen los und zwangen sie abzusteigen. Als einer der Männer des Ministers Widerstand leistete, wurde er verletzt. Der Minister gab den Angreifern zu verstehen, dass sie nichts Kostbares bei sich hatten. Doch die Räuber stürzten sich trotzdem auf das Gepäck, das an den Kamelen festgebunden war. Der Minister und seine Gefolgschaft ließen widerwillig alles über sich ergehen. Die Räuber öffneten alle Säcke und Kisten, schleuderten die Seifen, Tücher und auch die Schriftrolle des Ministers weg, die sie als wertlos erachteten und wühlten nach verborgenem Gold, das sie zu finden hofften.

Der Minister dachte an seinen neuen Gott und begann in diesem schrecklichen Moment zu Jesus zu beten. Er hielt seinen Blick fest auf die Klippen gerichtet, und dann rief er so laut, als bewache Jesus mit seinem Speer in der Hand die darunterliegende Schlucht:

> „Jesus Christus! Unser Herr! Wenn die Fische sich von deinem Netz fangen lassen, wenn das Wasser sich zu Wein verwandelt, wenn die Brote sich vermehren und der Sturm sich beruhigt, und all das im Gehorsam gegen dein Wort geschieht, so will ich dir treu sein und ich bitte dich, uns jetzt zu helfen! Erbarme Dich unser!“

Die Räuber und seine Gefolgschaft blickten nun auch auf die Klippen, aber sie entdeckten dort niemanden. Es überkam sie aber der unerklärliche Verdacht, dass dort oben irgendetwas sein musste. Die Räuber gaben den Pferden mit den Füßen einen Rippenstoß und galoppierten so schnell davon, wie sie gekommen waren. Die Gefolgschaft des Ministers wunderte sich, mit wem er da geredet hatte. Zurück blieb eine Karawane mit verwirrten und doch sehr erleichterten Männern. Die Säcke und Kisten lagen zerstreut auf der Straße. Der Verletzte stöhnte vor Schmerz. Er blutete am Brustkorb.

Wer kann helfen?

Nachdem die Männer alles wieder zusammengesucht hatten, wollte die Karawane weiterreiten, doch der Verletzte verlor Blut und war nicht imstande, auf dem Kamel zu sitzen. Notgedrungen machten die Männer Rast. Der Koch schürte ein Feuer, die anderen Bediensteten luden die Decken ab und bereiteten dem Verwundeten ein bequemes Lager. Der Karawanenführer übernahm die Behandlung. Er verband die Wunde und legte auf die Brust des Verwundeten ein Amulett aus einem türkisfarbenen Stein, das einem Käfer, einem Skarabäus, glich.

Als der Minister sah, dass ein ägyptisches Amulett die Brust des Verwundeten zierte, fragte er den Karawanenführer: „Was willst du damit machen?“

„Herr Minister, es soll dem Mann Heilung bringen!“

„Du meinst doch wohl nicht, dass tote Steine Heilung bringen könnten?“

„Das ist doch unsere uralte Tradition, Herr Minister! Es beruhigt den Kranken. Denn in dem Stein wohnt die Kraft der Gottheiten!“

Der Minister sah, dass die Stunde gekommen war, ihnen von einem Gott zu erzählen, der ohne Amulett heilen konnte, dem der Wind, das Wasser, die Bäume und die Fische gehorchten und der sogar dem Tod seinen Schrecken genommen hatte. Ein Mensch, der seinem Wort folgt, brauchte kein Amulett zur Heilung, auch nicht als Glücksbringer oder zum Vertreiben der bösen Geister. Dieser Gott kam in unsere Welt. Er heißt Jesus, und Er sagte von sich: „Mir ist gegeben alle Gewalt im Himmel und auf Erden[23].“ So ist Er auch der Herr über jede Krankheit. Er erzählte ausführlich, warum er diese beschwerliche Reise auf sich genommen

[23] Matthäus 28,18

hatte und warum er am Ende mit dem fremden Mann in den See gestiegen war.

Als er mit seiner Rede fertig war, lachten einige Männer.

„Aber Herr Minister, unser altehrwürdiges Königreich braucht doch keinen neuen Gott!“, meinten sie.

Der Verwundete, der die ganze Zeit mit geschlossenen Augen neben ihm gelegen und ihm zugehört hatte, bat: „Erzählen Sie bitte, Herr Minister, wie er dem Tod den Schrecken genommen hat! Denn auch ich habe schreckliche Angst, dass ich sterben muss.“

Dann erklärte der Minister, was Philippus ihm über den Tod erzählt hatte, nachdem er zu ihm auf den Wagen gestiegen war.

Der Kranke richtete sich nur mit Mühe und Not von seinem Lager auf und bat den Minister, näher zu kommen. „Herr Minister, beten Sie für mich! Beten Sie! Jesus Christus soll mich heilen. Wenn ich in mein altes Dorf gesund zurückkehre, so will ich von Jesus Christus erzählen, der die Kranken heilen kann und der auch für uns den Tod besiegt hat.“ Während das Blut den Verband tränkte, fiel er auf sein Lager zurück.

Die Nacht brach herein, die Grillen zirpten, die Sterne funkelten, der Wind hatte sich gelegt. Der Minister begann über dem stöhnenden Verwundeten zu Jesus zu beten. Es herrschte eine gedrückte Stimmung unter den Männern. Keiner konnte schlafen. Viele dachten über das nach, was der Minister erzählt hatte. Ob Jesus wirklich Kranke heilen konnte?

Weiteres Unheil

Es war schon eine Woche vergangen, seitdem Menelik sich im Wasser ausgetobt hatte. Die Moskitostiche hatten ihm durch das Jucken einige unangenehme Tage beschert.

Auch Menelik machte sich Gedanken, ob der Verwundete sterben würde. Wenn ja, wohin würde sein Geist wandern?

Am nächsten Morgen wachten die Männer früh auf. Sofort fragten sie nach, wie es dem Verletzten ging. Er lebte noch, und er war sehr dankbar darüber. Doch ihre Aufmerksamkeit sollte bald auf jemand anders gerichtet werden. Der kleine Menelik lag unter seiner Decke und zitterte wie Espenlaub, obwohl draußen die Sonne schien. Die Männer sahen sich gegenseitig fragend an und überlegten, was mit dem kleinen Jungen los sei.

Einige vermuteten, dass ihn vielleicht ein böser Geist befallen hatte.

Der Karawanenführer nahm einen Schlauch und besprenkelte den Boden um das Nachtlager herum, um es symbolisch zu reinigen. Dann legte er dem Kleinen das türkisfarbene Amulett auf seine Decke.

Der Minister sah mit Unbehagen das Ritual. Er setzte sich zu Menelik und tröstete ihn. Dem Jungen ging es erbärmlich. Der Minister betete für Menelik, nahm das Amulett und warf es ins Gebüsch. Der Karawanenführer war entsetzt, aber er konnte seinem Herrn nicht widersprechen.

Heilung durch Jesus

Nicht lange nach dem Gebet spürte der Junge, dass sich in seinem kalten Körper etwas veränderte. Ihm wurde wärmer und wärmer, doch plötzlich erfasste den Jungen eine Fieberwelle. Schweißperlen standen ihm auf der Stirn, und sein Gesicht wurde feuerrot. Er weinte und warf verzweifelt die Decke weg. Dazu juckten ihn noch immer diese vielen Stiche von den Moskitos.

Die Gefolgschaft des Ministers beobachtete das ganze Geschehen sehr genau. Sie fragten sich, ob der Minister von dem Mann, den er Philippus nannte, Zauberei gelernt hatte. Einem Minister mit Zauberkraft zu dienen, war eine heikle Sache. Mit solchen Dingen wollte man nichts zu tun haben.

Die Männer blieben unter sich und ließen den Minister mit den zwei Kranken allein. Die Karawane lagerte einige Tage. Dem Verwundeten ging es nach und nach besser, aber der kleine Menelik wurde weiterhin tagelang von Fieber und Schüttelfrost gepeinigt. Irgendwann war er kaum noch bei Bewusstsein. Der Verwundete machte sich große Sorgen, und es tat ihm leid, dass er ihn nach dem Bad im Fluss gescholten hatte. Jetzt wünschte er sich, dass der Junge doch wieder so gesund würde, um im Wasser spielen zu können. Er würde ihm dann von Herzen gern sagen: „Bleib nur im Wasser mein Junge, solange es dir gefällt.“

Der verwundete Mann fragte den Minister: „Wird er sterben?“

„Hoffentlich nicht! Eine letzte Hoffnung besteht noch!“

„Was ist das für eine Hoffnung?“

„Es ist Jesus!“, sagte der Minister.
„Aber Jesus ist nicht hier!“, widersprach ihm der Verwundete.

„Ich bin alle Tage bei euch bis an das Ende der Weltzeit!“[24], hat Jesus zugesagt.

„Herr Minister, ich habe dem Jungen Unrecht getan! Jetzt, wo er an der Schwelle des Todes liegt, bereue ich es sehr. Kann ich es überhaupt gut machen, bevor er stirbt?“

„Komm, lass uns zusammen beten! Wenn der Junge zu sich kommt, kannst du dich bei ihm entschuldigen.“

So betete der Verwundete mit dem Minister. Der Karawanenführer beobachtete die beiden aus einiger Entfernung. Auch ihm ging das Schicksal des kleinen, sonst so fröhlichen, Jungen sehr nahe. Im Stillen

---

[24] Matthäus 28,20

schwor er sich, dem Minister lebenslang in aller Treue zu dienen, wenn der den Kleinen durch sein Gebet retten könnte. Die Traurigkeit des Karawanenführers übertrug sich auf die meisten anderen, und niemand fand in dieser Nacht so recht den Schlaf.

Der Kämmerer erklärt dem Jungen das Evangelium

Menelik will Menschen für den Himmel gewinnen

Die Gebete des Ministers waren nicht umsonst gewesen. Am nächsten Tag ging es Menelik schlagartig besser. Und nach ein paar Tagen war er wieder völlig wohlauf. Der Karawanenführer konnte sein Glück gar nicht fassen. Allerdings herrschte eine große Uneinigkeit darüber, wie der kleine Menelik die Schwelle des Todes verlassen hatte und warum er nun völlig gesund mit dem Minister auf dem Wagen sitzen konnte. Die meisten der Männer meinten, das Amulett habe den Jungen geheilt. Der Koch behauptete, es waren seine Kräuter, die ihm zur Heilung verholfen hätten. Der Minister aber blieb felsenfest dabei: „Es war die Heilung durch Jesus Christus!" Und der Karawanenführer glaubte ihm. „Wenn ich nach Hause komme, werde ich ein großes Freudenfest veranstalten. Und ich will mehr von diesem Gott der Juden hören." Hätte man den kleinen Menelik gefragt, hätte er mit seiner Hand fröhlich auf den Minister gezeigt und gesagt: „Es war der neue Gott des Ministers, der Jesus heißt!" Der Minister zeigte Menelik seine Schriftrolle und sagte: „Wenn du auch meinen Gott kennen lernen willst, musst du lesen, was in dieser Schriftrolle steht. Ich lese es dir vor, du musst es aber im Kopf behalten, was ich dir vorlese…"

Menelik ließ sich ganz genau die Geschichte von Jesus erzählen und nahm ihn am selben Abend noch in sein Leben auf.

An diesem besonderen Tag seines Lebens entschloss er sich, als Erwachsener nicht mehr Karawanenführer zu werden. Er wollte lernen, wie man kranke Kinder heilen konnte und den Menschen dabei von Jesus erzählen. Er hatte nun selbst die beste Medizin erfahren: Das Gebet zum lebendigen Gott.

Jasmin Yildiz

Der Finanzminister aus Äthiopien

Der folgende Bibeltext aus Apostelgeschichte 8,26-40 lag der frei gestalteten Erzählung „Wenn kein Weg zu weit ist“ zugrunde.

26 Aber der Engel des Herrn redete zu Philippus und sprach: Steh auf und geh nach Süden auf die Straße, die von Jerusalem nach Gaza hinabführt und öde ist.

27 Und er stand auf und ging hin. Und siehe, ein Mann aus Äthiopien, ein Kämmerer und Mächtiger am Hof der Kandake, der Königin von Äthiopien, welcher ihren ganzen Schatz verwaltete, der war nach Jerusalem gekommen, um anzubeten.

28 Nun zog er wieder heim und saß auf seinem Wagen und las den Propheten Jesaja.

29 Der Geist aber sprach zu Philippus: Geh hin und halte dich zu diesem Wagen!

30 Da lief Philippus hin und hörte, dass er den Propheten Jesaja las, und fragte: „Verstehst du auch, was du liest?“

31 Er aber sprach: Wie kann ich, wenn mich nicht jemand anleitet? Und er bat Philippus, aufzusteigen und sich zu ihm zu setzen.

32 Der Inhalt aber der Schrift, die er las, war dieser (Jesaja 53,7-8): „Wie ein Schaf, das zur Schlachtung geführt wird, und wie ein Lamm, das vor seinem Scherer verstummt, so tut er seinen Mund nicht auf.

33 In seiner Erniedrigung wurde sein Urteil aufgehoben. Wer kann seine Nachkommen aufzählen?

Denn sein Leben wird von der Erde weggenom-
men."
34 Da antwortete der Kämmerer dem Philippus und
sprach: Ich bitte dich, von wem redet der Prophet
das, von sich selber oder von jemand anderem?
35 Philippus aber tat seinen Mund auf und fing mit
diesem Wort der Schrift an und predigte ihm das
Evangelium von Jesus.
36 Und als sie auf der Straße dahinfuhren, kamen sie
an ein Wasser. Da sprach der Kämmerer: Siehe, da
ist Wasser; was hindert's, dass ich mich taufen las-
se?
37 Philippus aber sprach: Wenn du von ganzem Her-
zen glaubst, so kann es geschehen. Er aber antwor-
tete und sprach: „Ich glaube, dass Jesus Christus
Gottes Sohn ist."
38 Und er ließ den Wagen halten, und beide stiegen
in das Wasser hinab, Philippus und der Kämmerer,
und er taufte ihn.
39 Als sie aber aus dem Wasser heraufstiegen, ent-
rückte der Geist des Herrn den Philippus, und der
Kämmerer sah ihn nicht mehr; er zog aber seine
Straße fröhlich.
40 Philippus aber fand sich in Aschdod wieder und
zog umher und predigte in allen Städten das Evan-
gelium, bis er nach Cäsarea kam.

Nachwort

Sie haben die spannende Geschichte „Wenn kein Weg zu weit ist“ gelesen, und wir hoffen, dass Sie es mit großer Freude getan haben. Der Minister hat Gott von ganzem Herzen gesucht, weil er sich so sehr das ewige Leben gewünscht hat. In der persönlichen Annahme des Gottessohnes Jesus kam er zur Gewissheit, einmal im Himmel zu sein. Dieses Buch wurde zu dem Zweck geschrieben, dass auch Sie sich des Himmels gewiss werden können.

Warum lohnt es sich, die Ewigkeit im Himmel zu verbringen? Zum Himmel gibt es nur eine einzige Alternative, und das ist die Hölle. In vielen Kirchen ist leider der Zeitgeist eingezogen, und die Hölle wird weitgehend ignoriert. Jesus aber hat in seinen Predigten nicht nur die Existenz der Hölle bezeugt, sondern auch sehr eindringlich davor gewarnt: *„Wenn dich aber dein rechtes Auge zum Abfall verführt, so reiß es aus und wirf's von dir. Es ist besser für dich, dass eins deiner Glieder verderbe und nicht der ganze Leib in die Hölle geworfen werde“* (Matthäus 5,29). Jesus aber kam in diese Welt mit dem ausdrücklichen Ziel: *„Denn der Menschensohn ist gekommen, selig zu machen* (= für den Himmel zu erretten)*, was verloren ist* (Matthäus 18,11). Das bedeutet: Wenn ich Ihm meine Sünde bekenne und Ihm als meinem Herrn und Heiland folge, schenkt Er mir Frieden mit Gott und das ewige Leben mit IHM im Himmel. Dieser Aufenthaltsort wird im 1. Korintherbrief 2,9 als unvorstellbar schön beschrieben: *„Was kein Auge gesehen hat und kein Ohr gehört hat und in* *keines Menschen Herz gekommen ist, was Gott denen bereitet hat, die ihn lieben.*“ Die Einladung gilt! Wenn Sie darauf eingehen, werden Sie von Gott sehr reich beschenkt.

Wie komme ich in den Himmel?

Wir kommen nun zu der wichtigsten Frage unseres Lebens überhaupt: Wie kann ich gewiss werden, dass ich in den Himmel komme? Jesus hat es uns sehr deutlich gesagt: „Ich bin die Tür (zum Himmel)“ (Johannes 10,9) und *„Ich gebe ihnen das ewige Leben*“ (Johannes 10,28). Er hat weiterhin gesagt: *„Ich bin der Weg, die Wahrheit und das Leben; niemand kommt zum Vater denn durch mich*“ (Johannes 14,6). Jesus hat mit diesen wegweisenden Worten auch alle menschlich ersonnenen Wege in den verschiedenen Religionen als Irrwege verworfen, und das hat einen sehr ernsten Grund, der im Folgenden gezeigt wird („Der einzige Ausweg“). Nur Er allein – keine Kirche, keinerlei menschliche Taten, keine Religion – kann uns in den Himmel bringen. Schritt um Schritt wird dieser Weg nun in Form eines Dialogs erläutert. Wenn Sie diesen Weg beschreiten wollen, können Sie dies jetzt wie an Hand einer Gebrauchsanweisung tun.

Erkennen Sie sich im Licht der Bibel:
Wir lesen Römer 3,22-23: *„Denn es ist hier kein Unterschied: Sie sind allesamt Sünder und ermangeln des Ruhmes, den sie bei Gott haben sollten.*“ Diese Bibelstelle zeigt uns unsere Verlorenheit vor dem lebendigen Gott. Wir haben durch unsere Sünde, die uns von

Gott trennt, keinen Zugang zu Ihm und auch nichts vorzuweisen, was uns vor Ihm angenehm erscheinen lässt. Kurz gesagt: Wir haben keine Verdienste, aber viele Schulden vor Gott, und besitzen auch nichts, womit wir mit Ihm ausgesöhnt werden könnten. Seit dem Sündenfall besteht eine tiefe Kluft zwischen dem Gott der Bibel und der sündigen Menschheit. Bejahen Sie Gottes Einschätzung, dass alle Menschen, d.h. auch Sie selbst, gefallene Sünder sind?

Der einzige Ausweg: Es gibt nur *einen einzigen* Weg, der uns aus diesem Dilemma herausführt, und dieser Ausweg wurde von Gott selbst geschaffen. Sein Sohn Jesus Christus erfüllte Gottes Gesetz vollständig und nahm um unseretwillen die Strafe für alle unsere Sünden am Kreuz auf sich. Er litt stellvertretend für uns und kann darum im Namen Gottes allen vergeben, die zu Ihm kommen und Ihm nachfolgen wollen. Jesus kam, um zu retten, was verloren ist (Matthäus 18,11). Rettung ist in niemand anderem und auf keine andere Weise zu finden (Apostelgeschichte 4,12). Können Sie diese Tatsache ebenfalls bejahen?

Bekennen Sie Ihre Sünden: In 1. Johannes 1,8-9 lesen wir: „*Wenn wir sagen, dass wir keine Sünden haben, so betrügen wir uns selbst, und die Wahrheit ist nicht in uns. Wenn wir unsere Sünden bekennen, so ist er treu und gerecht, dass er uns die Sünden vergibt und uns reinigt von aller Ungerechtigkeit.*“ Jesus hat aufgrund seines Erlösungswerkes auf Golgatha die Vollmacht, Sünden zu vergeben. Wenn wir uns auf Seine Zusagen berufen und Ihm unsere Schuld bekennen und Ihn um Vergebung bitten, können Sie sicher sein, dass Er Sein Versprechen hält. Wir können uns darauf verlassen, dass Er uns ganz sicher von unseren Belastungen und deren ewigen Folgen befreit. Nachdem wir diese grundlegenden Dinge bedacht haben, kommt es nun auf das Handeln an. Sind Sie dazu bereit? Wenn Sie das bejahen, dann können wir das jetzt alles dem Herrn Jesus im Gebet sagen (was nun folgt ist der Vorschlag für ein frei formuliertes Gebet):

> *„Herr Jesus Christus, ich habe mein bisheriges Leben so zugebracht, als gäbe es Dich überhaupt nicht. Jetzt habe ich Dich erkannt und wende mich im Gebet zu Dir. Ich weiß jetzt, dass es einen Himmel gibt, aber genauso auch eine Hölle. Bitte, rette mich vor der Hölle, vor diesem Ort, an den zu kommen, ich verdient habe als Folge aller meiner Sünden, vor allem wegen meines Unglaubens. Ich möchte Dich bitten, bei Dir für alle Ewigkeit im Himmel sein zu dürfen. Ich begreife, dass ich nicht durch eigene Verdienste in den Himmel kommen kann, sondern allein durch den Glauben an Dich. Weil Du mich liebst, bist Du für mich am Kreuz gestorben und nahmst meine Schulden auf Dich und bezahltest für sie an meiner statt. Ich danke Dir von ganzen Herzen dafür. Du siehst alle meine Übertretungen, sogar die aus meiner Jugendzeit. Du weißt um alle Sünden, die ich begangen habe, nicht nur diejenigen, an die ich mich erinnere, sondern auch all jene, die ich längst vergessen habe. Du weißt alles über mich. Jede Regung meines Herzens ist Dir bekannt, sei es Freude, Traurigkeit, Glück oder Verzweiflung.*

Ich bin vor Dir wie ein aufgeschlagenes Buch. Weil ich mit meiner schuldhaften Vergangenheit vor Dir und vor Gott, dem Vater, nicht bestehen kann, ist mir der Zugang zum Himmel verschlossen. Darum bitte ich Dich, mir alle meine Sünden zu vergeben, die mir alle herzlich leid sind. Amen."

Sie haben dem Herrn alles gesagt, was jetzt nötig ist (1. Johannes 1,8-9). Gott selbst hat sich mit seiner Zusage verbürgt. Was meinen Sie wohl, wie viel von Ihrer Schuld ist jetzt getilgt? 80 Prozent? 90 Prozent? 10 Prozent? Es steht geschrieben: „*[Er] reinigt uns von **aller** Ungerechtigkeit*" (1. Johannes 1,9). Ihnen ist somit **vollständig** vergeben worden! Ja, wirklich alles, und das sind volle 100 Prozent! Das ist nun für Sie Tatsache (wenn Sie das Gebet aufrichtig gemeint haben). Die Bibel legt Wert darauf, dass wir das von Gott Zugesagte nicht etwa als Einbildung empfinden, auch nicht als eine denkbare Möglichkeit oder vage Hoffnung! Es soll uns eine feste Gewissheit sein, und darum lesen wir in 1. Petrus 1,18-19:

„*denn **ihr wisst**, dass ihr nicht mit vergänglichem Silber oder Gold erlöst seid ..., sondern mit dem teuren Blut Christi als eines unschuldigen und unbefleckten Lammes.*"

und in 1. Johannes 5,13 die nochmalige Bestätigung:

„*Das habe ich euch geschrieben, damit **ihr wisst**, dass ihr das ewige Leben habt, die ihr glaubt an den Namen des Sohnes Gottes*".

Lebensübergabe: Der Herr Jesus hat Ihnen soeben alle Sünden vergeben. Nun können Sie Ihm Ihr ganzes Leben anvertrauen. In Johannes 1,12 lesen wir: „*So viele ihn aber aufnahmen, denen gab er das Recht, Kinder Gottes zu werden, die an seinen Namen glauben.*" Alle, die den Herrn Jesus einladen, die Herrschaft in ihrem Leben zu übernehmen, denen gibt er das Recht, Kinder Gottes zu werden. Kinder Gottes werden wir nicht als Belohnung für irgendwelche guten Taten oder weil wir so fromm sind oder weil wir zu einer bestimmten Kirche gehören. Kinder Gottes werden wir durch Seine Gnade, wenn wir unser Leben dem Sohn Gottes anvertrauen und willens sind, Ihm in der Kraft des Heiligen Geistes gehorsam nachzufolgen. Auch das wollen wir im Gebet festmachen:

> *„Ich nehme Dich nun als meinen Herrn und Retter an. Regiere Du über mein Leben. Ich möchte ein Leben führen, dass Dir gefällt. Schenke es mir, dass ich all das aufgeben kann, was in Deinen Augen nicht richtig ist und segne mich mit neuen Verhaltensweisen. Hilf mir, Dein Wort, die Bibel, zu verstehen. Hilf, dass ich begreife, was Du mir sagst und dass ich immer wieder neue Freude in Deinem Wort finde. Zeige mir bitte den Weg, den ich jetzt gehen soll, und gib mir ein gehorsames Herz, um Dir zu folgen. Ich danke Dir, dass Du mich erhörst. Ich glaube Deiner Verheißung, dass ich nun durch meine Umkehr zu Dir ein Kind Gottes bin, das eines Tages und dann für alle Ewigkeit in den Himmel kommen wird. Ich erkenne in dieser unverdienten Gnade einen großen Gewinn und ich freue mich in der Ge-*

wissheit, dass Du in jeder Situation des Lebens an meiner Seite sein wirst, auch jetzt. Bitte, hilf mir, Menschen zu finden, die auch an Dich glauben, und hilf mir, eine Gemeinde zu finden, wo Dein Wort in Wahrhaftigkeit verkündigt wird. Amen."

Angenommen: Der Herr hat Sie angenommen! Er hat Sie für einen hohen Preis für sich erworben, er hat Sie errettet. Sie sind nun ein Kind Gottes geworden. Wer Kind ist, ist auch ein Erbe: ein Erbe Gottes, ein Erbe der himmlischen Welt. Können Sie sich vorstellen, was im Himmel jetzt vor sich geht? In Lukas 15,10 lesen wir: *„Ebenso sage ich euch, ist Freude vor den Engeln Gottes über einen Sünder, der Buße tut."* Der ganze Himmel gerät in Bewegung, wenn ein Mensch die Botschaft des Evangeliums ernst nimmt und sie in seinem Leben umsetzt. Die Bibel nennt den Prozess der Hinwendung zu Jesus *Bekehrung*; dabei übergeben wir Ihm unsere Schuld, und Er tut sie hinweg. Gleichzeitig geschieht von Gott aus die *Wiedergeburt* an uns: Er gibt uns das neue Leben der Kindschaft – wir sind von Neuem geboren! Nun ist uns neues Leben geschenkt. Wir sind Gottes Kinder. *Bekehrung* und *Wiedergeburt* gehören somit zusammen – sie sind die beiden Seiten derselben Münze.

Danksagung: Die Errettung ist Gottes Gabe an uns. Nur wegen Seiner Liebe ist dies überhaupt möglich geworden. Wir können rein gar nichts zu diesem Werk der Erlösung hinzufügen. Jeder, der etwas geschenkt bekommt, soll sagen: „Danke!", denn wenn er dafür dankt, hat er es ganz angenommen. Sagen Sie dem Herrn Jesus Dank mit Ihren eigenen Worten!

Was kommt jetzt? Die Bibel vergleicht Ihren jetzigen Zustand mit dem eines neugeborenen Kindes. Es gehört selbstverständlich zu seiner Familie, und so gehören Sie von nun an zu der Familie Gottes. Neugeborene befinden sich in einer kritischen Lebensphase. Das gilt auch für unser Glaubensleben. Die Geburt durch Bekehrung und Wiedergeburt ist gut verlaufen. Echtes, neues Leben ist da. Nun sind Nahrung (Milch) und gute Pflege unbedingt erforderlich. Natürlich hat auch hier Gott vorgesorgt und alles getan, damit Sie eine gute Entwicklung nehmen können. Schäden für unseren kindlichen Glauben können vermieden werden, wenn wir Gottes Gebote beachten.

Die gewaltigste Predigt, die je auf dieser Erde gehalten wurde, ist die Bergpredigt von Jesus (Matthäus 5-7). Sie beginnt mit dem Satz: *„Glückselig sind, die da geistlich arm sind, denn ihrer ist das Himmelreich“* (Matthäus 5,3). Diese Aussage gilt jetzt auch für Sie, denn Sie wissen noch nicht viel aus dem großen Schatz der Bibel und fühlen sich „geistlich arm“ im Vergleich mit andern, die schon jahrelang die Bibel lesen. Aber Sie sind gerettet und haben das ganze Himmelreich gewonnen. Seien Sie sich dieses großen Reichtums bewusst. Achten Sie beim Suchen einer Gemeinde darauf, dass Sie nicht in die Fänge einer Sekte (z.B. Jehovas Zeugen, Mormonen) gelangen. Am ehesten werden Sie eine bibeltreue Lehre in einer der evangelischen Freikirchen finden.

Die folgenden fünf Aspekte (**5 Gs**, weil alle mit einem G beginnen) sind nicht nur bedeutsam für Anfänger im Glauben, sondern sind unverzichtbare Voraussetzungen für das tägliche Leben eines Gläubigen mit Jesus. Beherzigen wir diese fünf Punkte, dann sind wir in Gottes Willen und werden das Ziel unserer Bestimmung auch wirklich erreichen:

1. Gottes Wort

Sie haben Ihre Entscheidung auf Gottes Wort, die Bibel, gegründet. Die Bibel ist das einzige Buch, dessen Autor Gott ist und das von ihm autorisiert wurde. Alle Bücher der Welt zusammen können der Bibel nicht das Wasser reichen in Bezug auf Wahrheit und Menge lebenswichtiger Information. Das Wort Gottes zu lesen und zu begreifen, ist absolut nötig. In 1. Petrus 2,2 wird auf diesen Aspekt Wert gelegt und deutlich erklärt: „*Wie neugeborene Kinder seid begierig nach der vernünftigen, unverfälschten Milch.*" Machen Sie es sich zur Angewohnheit, täglich die Bibel zu lesen, um Gottes Willen zu erfahren. Es ist ratsam, mit dem Lesen der Evangelien zu beginnen (z. B. das Evangelium nach Johannes). Es gibt eine gewisse Folge von Tätigkeiten, die wir an jedem Morgen durchlaufen. Das Frühstücken und Zähneputzen vergessen Sie an keinem Tag. Nehmen Sie das Bibellesen als neuen Punkt Ihres Tagesablaufs ab jetzt hinzu.

2. Gebet

Sprechen Sie von nun an jeden Tag mit Ihrem Herrn. Durch Sein Wort redet Gott zu uns. Er möchte, dass wir auch mit **Ihm** reden. Es ist ein großes Vorrecht, Ihm alles sagen zu dürfen. Der Bibel zufolge dürfen die Gebete nur an Gott gerichtet werden, der nun Ihr Vater ist, und an Jesus, Ihren Retter, Ihren guten Hirten, Ihren Freund. Die Bibel fordert ausdrücklich, zu niemand und nichts anderem zu beten. Alle von Menschen erfundenen Gebetsadressen und alle Gebete, die nicht an Gott gerichtet sind, sind Götzendienst und dem Herrn ein Gräuel. Die Bibel bezeugt das Gebet an Gott, den Vater, und an Seinen Sohn Jesus Christus; für ein Gebet an den Heiligen Geist gibt es in der Bibel kein Beispiel. Im Gebet wenden Sie sich an Ihren Herrn, und Er wird Ihnen Kraft verleihen. Es wird Sie in positiver Weise verändern. Alles in Ihrem täglichen Leben kann zum Gegenstand des Gebets werden: Ihre Sorgen, Freuden und Pläne. Danken Sie dem Herrn für alles, wovon Sie bewegt sind. Beten Sie für andere Leute und deren Schwierigkeiten. Beten Sie zu dem Herrn, dass die Leute in Ihrer Umgebung auch zum Glauben finden. Gebet und das Lesen des göttlichen Wortes sind die Pumpen für die „geistliche Blutzirkulation", die für die Gesundheit des geistlichen Lebens unerlässlich ist.

3. Gehorsam

Wenn Sie die Bibel lesen, werden Sie viele hilfreiche Anweisungen für alle Bereiche Ihres Lebens finden, einschließlich Ihres Lebens in der Gemeinschaft mit

Gott. Setzen Sie all das, was Sie verstanden haben, in die Tat um, und Sie werden einen großen Segen erfahren. Gott hat Wohlgefallen an gehorsamen Kindern, die nach seinem Wort leben und seine Gebote halten. Die beste Weise, Gott unsere Liebe zu zeigen, ist, ihm zu gehorchen: „*Dies ist die Liebe Gottes, dass wir seine Gebote halten*" (1. Johannes 5,3). Die Welt bietet mancherlei Lebenskonzepte an, die dem Zeitgeist entlehnt sind und sich in der Praxis nicht bewähren. Die Bibel hingegen zeigt einen Weg, auf dem unser Leben unter dem Segen des Herrn steht. Bei solcherlei Wahlmöglichkeit entscheiden wir uns für Gottes Ratschläge: „*Man muss Gott mehr gehorchen als den Menschen*" (Apostelgeschichte 5,29). Es gilt zu bedenken, dass wir nicht die Wünsche der alten Natur befriedigen, die im folgenden Bibelvers „das Fleisch" genannt wird: „*Lebt im Geist, so werdet ihr die Begierden des Fleisches nicht vollbringen. Denn das Fleisch begehrt auf gegen den Geist und der Geist gegen das Fleisch; die sind gegeneinander, so dass ihr nicht tut, was ihr wollt*" (Galater 5,16-17). Daher müssen wir absolut sicher sein, dass unser Gehorsam gegen Gott biblisch begründet ist und unter der Kraft und Leitung des Heiligen Geistes steht.

4. Gemeinschaft

Gott schuf die Menschen so, dass sie Gemeinschaft mit Ihm haben sollen und auch Gemeinschaft untereinander. Darum sollten Sie nach anderen Christen Ausschau halten, die auch ihr Leben Gott unterworfen haben. Das sind Leute, mit denen Sie beten und über Ihren Glauben reden können. Bleiben Sie mit solchen

Menschen in Verbindung, denn die Mitglieder der Gemeinde sollen einander in Jesus Christus dienen und zum Segen sein (1. Petrus 4,10); und wo zwei oder drei zusammen sind in Seinem Namen, da ist Er mitten unter ihnen (Matthäus 18,20). Nimmt man eine glühende Kohle aus dem Feuer, so wird sie bald erkalten. Genauso gilt die Regel, dass unsere Liebe zu Jesus erkaltet, wenn sie nicht in der Gemeinschaft mit anderen Gläubigen am „Glühen" gehalten wird. Treten Sie einer bibelgläubigen Gemeinde bei, und nehmen Sie aktiv an dieser Gemeinschaft teil. Eine gute evangelikale Gemeinde, in der man der ganzen Bibel glaubt, ist äußerst wichtig für ein Christenleben. Versäumen Sie nicht das Zusammenkommen mit den Gläubigen, denen es darum geht, das Wort Gottes richtig zu verstehen!

5. Glauben bewahren

Unser geistliches Leben begann mit dem Glauben an Jesu Sieg auf Golgatha. Für Neugeborene ist Wachstum lebenswichtig; so ist es auch nach unserer Bekehrung und Wiedergeburt lebenswichtig, dass unser geistliches Wachstum anhält. Paulus zeigt uns den Weg in seinem Brief an Timotheus: *„Du aber bleibe in dem, was du gelernt hast"* (2. Timotheus 3,14). Am Ende seines Lebens konnte Paulus sagen: „Ich habe den guten Kampf gekämpft, ich habe den Lauf vollendet, ich habe den Glauben bewahrt" (2. Timotheus 4,7). Lassen Sie uns diesem Beispiel nacheifern und ebenfalls treu bleiben!

Lesen Sie sorgfältig, was in Johannes 15, 4-5 (Reben, die am Weinstock bleiben) und Epheser 4,17-32 steht, wo praktische Wahrheiten über die lebenslange Heiligung des Lebens im Geist genannt werden.

Die Bekehrung ist nicht ein Endpunkt, sondern vielmehr der Anfang eines neuen Lebens. Sie sind nun in der Lage, Gottes Mitarbeiter zu sein (1. Korinther 3,9). Bemühen Sie sich im Gebet und im Zeugnis ernsthaft darum, dass auch andere die Erfahrung der Errettung in Jesus machen. Die Bekehrung hat zwei erstaunliche Folgen:

1) unser irdisches Leben wird sinnvoll und erhält eine völlig neue Bedeutung und

2) werden wir Gottes Kinder und Erben des ewigen Lebens.